Edgard AUGUIN

*

PLAGES BELGES

III. — D'OSTENDE A BLANKENBERGHE

ÉDITION ILLUSTRÉE

DE QUARANTE-SEPT GRAVURES EN FAC-SIMILE
SUR LES DESSINS ORIGINAUX DE L'AUTEUR

PARIS

LIBRAIRIE H. LE SOUDIER

174, BOULEVARD SAINT-GERMAIN, 174

PLAGES BELGES

D'OSTENDE A BLANKENBERGHE

OUVRAGES ILLUSTRÉS

TEXTE ET DESSINS DU MÊME AUTEUR:

Impressions et Souvenirs (*Exposition rétrospective de Nancy*), in-8º. Nancy, Crépin-Leblond, 1875. (*Épuisé.*)

Monographie de la Cathédrale de Nancy, in-4º jésus, 420 pages. Nancy, Berger-Levrault, 1882.

La Lorraine illustrée, en collaboration avec LORÉDAN LARCHEY, André THEURIET, L. JOUVE et le Dr LIÉTARD, 1 vol. in-4º jésus, Nancy, Berger-Levrault, 1886.

Manuel du brancardier (illustrations, 92 dessins), pour la *Société de secours aux blessés*, texte par le Dr GROSS, 1 vol. in-8º, imprimé chez Crépin-Leblond, édité à Paris, chez Alcan, 1884.

Baccarat, ses écoles, ses institutions, in-8º. Nancy, Crépin-Leblond, 1878. (*Épuisé.*)

Les Cristalleries de Baccarat pendant la guerre, 1 vol. in-8º, Nancy, Crépin-Leblond, 1878. (*Épuisé.*)

Les Plages belges : 1º *Les Pêcheurs flamands*, 1 vol. ill., in-8º raisin. 45 gravures fac-simile.

— 2º *De Dunkerque à Ostende*, 1 vol. ill., in-8º raisin, 53 gravures fac-simile.

— 3º *D'Ostende à Blankenberghe*, 1 vol. ill., in-8º raisin, 47 gravures fac-simile.

— 4º *De Blankenberghe à Heyst et à la Hollande par les dunes*, 1 vol. ill., in-8º raisin, 57 gravures fac-simile.

E_DGARD_ AUGUIN

PLAGES BELGES

III. — D'OSTENDE A BLANKENBERGHE

ÉDITION ILLUSTRÉE

DE QUARANTE-SEPT GRAVURES EN FAC-SIMILE

SUR LES DESSINS ORIGINAUX DE L'AUTEUR

PARIS

LIBRAIRIE H. LE SOUDIER

174, BOULEVARD SAINT-GERMAIN, 174

I. Clemskerke et le Coq.

PROMESSES TENUES

Sans adieu ! Et l'année prochaine, le plus tôt possible !

Ces mots ont terminé notre second volume, dont Ostende a presque seul fourni le sujet. Ces mots ouvriront le troisième, celui de Blankenberghe et de ses environs.

Je veux tenir ma promesse et, fidèle au rendèz-vous, poursuivre mon joli trajet jusqu'aux bords de l'Escaut. En sept heures, j'ai franchi la distance qui sépare Paris d'Ostende et me voici prêt à reprendre mes courses, à classer mes impressions, à cataloguer mes croquis.

J'avais failli m'arrêter à Ostende pour noter les étonnants changements qui, chaque année, donnent à cette ville une allure toute nouvelle.

J'ai résisté à la tentation, et bien ai-je fait ! D'autres viendront après moi qui reprendront ce procès-verbal de touriste au point où je l'ai laissé, en 1898. Le compléter m'entraînerait chaque année à d'incessantes retouches.

Mieux vaut poursuivre. Le vicinal d'Ostende à Blankenberghe est là, qui m'attend sur la place même de la station — et j'en profite.

SLIKENS ET BREEDENE

2. Le nouveau Phare d'Ostende.

Les phares disparaissent derrière les dunes ; Ostende s'éloigne. Le chemin de fer vicinal m'emporte, une fois encore. Au revoir, minque ! Au revoir moulins d'Hazegras, parcs d'huîtres blondes, fort Napoléon, Kursaal et Paradis ! Au revoir, et point adieu ! Tout s'enfuit, c'est à peine si l'on voit encore le port dans une vapeur matinale..

Quels sont ces gais villages enfouis dans les sables, à la distance d'un kilomètre, et dont on n'aperçoit que le clocher immobile, entre les ailes de moulins en liesse ? C'est Slikens d'abord, puis Breedene. Chaque masure est tapie dans une cuvette de poussière bise, où les vents n'ont point accès. Seuls, le toit et les cheminées dépassent la crête des mamelons. Çà et là, apparaissent quelques îlots de terrains. Les salades et les pommes de terre y poussent en toute liberté d'allures. Bien ensablé, s'adosse à la maison un petit réduit pour la basse-cour. Les poules gloussent, les canards pico-

rent, les lapins sautent et broutent, tout cela très humble-
ment. Le porc seul triomphe. Il se sent roi de cette petite
ménagerie familière. Impassible et gai, la queue en spirale,
il étale au soleil d'août son ventre rose, truffé de taches
noires et dévoré par les mouches.

Au passage du tramway, quelques fenêtres s'ouvrent dans
de petites maisons peintes. Un, deux, trois enfants aux cheveux soyeux, embéguinés de noir, viennent lentement, pieds
nus, silencieux, les dents enfoncées dans une grosse tartine
de pain sec. La vapeur siffle. Les poules s'effarent, les cane-
tons s'épatent. Le porc, toujours solennel, lève son grouin
étonné. Le conducteur du tram descend, cause une minute
au préposé de la station, échange un paquet, une lettre.
Puis, le petit train repart sans qu'un voyageur soit descendu.
Il est déjà bien loin que, sur la route étroite, apparaissent
encore, entre les sables, les enfants affamés, les poules dis-
persées, les canards émus et, le porc immobile, dont la queue
en vrille semble poser un point d'interrogation sur le sommet
d'une cheminée.

Cet océan de sables soulevés et perpétuellement mouvants a un charme et une fraîcheur inattendus.

A mi-chemin entre Ostende et Blankenbergue, ces val-
lonnements de poussières présentent un sommet réputé qu'on
appelle *le Coq, « den Haen »*. Les pêcheurs de Clemskerke
vous diront qu'un navire en détresse y fut sauvé par le chant
d'un coq perché sur le sommet de son plus haut mât. La
voix claire de l'oiseau guida dans la nuit la barque des sauveteurs. On recueillit tous les naufragés, sauf le coq qui périt
tristement. Telle est la légende. C'est celle de l'ingratitude
humaine, et je la donne pour ce qu'elle vaut. Il est peut-être
plus simple d'ajouter foi aux traditions locales qui veulent
que l'enseigne du principal estaminet placé sur le parcours
du chemin vicinal, ait donné son nom à la station. Cette
enseigne n'est elle-même que le rappel d'une girouette repré-
sentant un coq hardiment perché sur l' *« aubelle »* — lisez

« *cabane* » — des douaniers préposés à l'inspection de cette frontière très suspecte. Mais, alors, d'où vient que l'aubette porte un coq ? — Le problème n'est pas résolu.

En somme, que le nom du village vienne d'ici ou de là, peu importe. Le point capital, c'est qu'il rappelle à tous les chasseurs des tirés incomparables; à tous les peintres, des esquisses superbes.

Pour les touristes, pour les aquarellistes principalement, pour tous ceux enfin qui aiment et cultivent sous une forme quelconque la poésie des grandes perspectives, c'est un devoir de quitter le tramway vicinal à la station du *Coq,* de monter jusque sur les sommets blancs pour faire à pied le chemin fatigant de Clemskerke à Wenduyne. Le piétinement de ces ascensions pénibles est racheté par l'émotion de découvertes admirables. Vues de ces hauteurs où l'on jouit d'un magnifique panorama, les fondrières se creusent, les cirques s'élargissent, les végétations accusent, plus que partout ailleurs, leur variété et leur puissance. La voûte claire du ciel s'étend, de toutes parts, jusqu'aux brumes vagues d'un horizon sans limites. C'est là que l'air salin pénètre le plus profondément dans les poumons du marcheur; là qu'il convient de s'arrêter, de faire une station, de jeter un coup d'œil d'ensemble sur ce désert de sables, qui va des frontières de France à celles de la Hollande, et de noter sur le papier quelques faibles impressions en face de cette admirable nature.

A partir de Breedene, la dune devient brusquement large et sauvage. Sur cette portion de littoral, éloignée de toute fréquentation mondaine, le sentiment de la solitude est à la fois plus intime et plus profond. Le peintre, le poète, l'artiste, le littérateur peuvent aller y chercher leurs inspirations les plus émues et les plus sincères. J'en parlerai plus longuement tout à l'heure.

Une seule région de l'Europe peut être comparée à ce petit désert: celle des steppes orientales de la Russie, où les exigences de la politique et du commerce ont introduit de vive force les progrès de la science et les raffinements du confortable moderne.

Sur les sables mouvants de ces plages flamandes, la civilisation a posé aussi son pied de fer. Elle a fait plus : Elle a voulu rajeunir les solitudes dépouillées. Depuis 1835, un Brugeois, M. Van de Walle implanta des pins sur ces amoncellements désolés. L'idée, excellente en elle-même, demeura d'abord sàns encouragements. C'est cependant le seul point de la dune où cette essence ait pris quelque développement. Maintenant encore, le spectacle de ces plantations, toutes ravagées qu'elles soient par les rafales du Nord-Ouest, donne à ces grandes vagues de poussières la variété d'une couleur imprévue et le charme d'une ombre doucement plaisante aux oisifs en quête de fraîcheur.

Dans ces curieuses traversées de crêtes blanches, d'où se dégagent seulement, sous leurs toitures d'antan, quelques groupes de maisons accroupies, l'âme du promeneur est assaillie par des impressions opposées et très vives. De villages en villages, c'est une succession d'admirations et de mélancolies irréfléchies, dont on ne peut se défendre et dont le charme est propre à cette solennité silencieuse. Et l'on en vient à critiquer le génie de l'homme, dont le tumultueux caprice a bouleversé ces oasis à coups de projets, de constructions, d'installations, de surprises monumentales, de pastiches exotiques, de spéculations désolantes pour les artistes.

Que d'odieuses profanations ! Avant quelques années, tout l'admirable territoire de Slykens à Wenduyne, en passant par Clemskerke, sera devenu l'exutoire banal de deux stations semi-mondaines. Vingt-deux kilomètres de plages livrés aux plus sacrilèges amphithéoses !

Cauchemars hideux ! Est-il possible qu'aux silhouettes adorablement modelées d'ombres et de lumières qui découpent l'enchantement calme de cette grande solitude, on ose

faire succéder l'oppression scientifique des chaudières mul-
titubulaires, la mobilité terrible des dynamos, l'exaspération
des courants polyphasés ! O damnation de la poésie !

Ne pouvait-on, pour les impatients transformateurs d'é-
nergie, se contenter de réserver l'admirable littoral voisin
de Heyst, où Bruges, rajeuni de cinq cents ans par la
création d'un port d'escale, doit retrouver prochainement
les secrets de ses anciens triomphes maritimes ? N'était-ce
point là, pour les entrepreneurs, une suffisante manifestation
de la science moderne ? En face de cette immense saignée
internationale, prévue, justement calculée et merveilleusement pratiquée, qui ne s'inclinerait ? Là, du moins, ce qui
est fait est bien fait.. A chaque chose, sa grandeur, sa
beauté propre, toute de convenance et de raison d'être.

Mais ici, dans ces solitudes exquises, à quoi bon et pour
qui substituer à l'abandon des divines fantaisies de la nature
l'insupportable effort de la banalité bourgeoise, c'est-à-dire
la tyrannie du bruyant, du rythmé, du périodique, du prévu,
de l'artificiel, du rectiligne, de tout ce qui marque l'inexo-
rable exigence de notre habituel surmenage, ennemi de
l'émotion spontanée et sincère ?

— Vous êtes sévère ! Est-ce donc si séduisant ces traver-
sins de sable enroulés et déposés d'Ostende à Blankenberghe ?
Et qu'y avez-vous donc trouvé de plaisant qui mérite la
faveur d'une si indulgente mention ?

— Ce que j'y ai trouvé ?... C'est une chose peut-être
beaucoup trop simple pour qu'un mot banal puisse la traduire et j'ai grand peur, en insistant, de faire sourire ceux
qui s'attendraient à quelque mystérieuse révélation...

— Dites toujours.

— J'y ai trouvé la vivifiante simplicité du silence, de la lumière, de l'étendue, de l'harmonie des choses.

— Vraiment ?

— Jé m'explique.

3. Le village de Breedene dans les dunes.

LES DUNES

L E long de la mer, grise ou verte, sage ou méchante, se
chauffent au soleil les dunes pelotonnées. Sur leur enco-
lure serpentine, ondoye une crinière soyeuse, ébouriffée,
chatoyante. De Dunkerque, où surgit leur front tantôt chauve
et tantôt moucheté de touffes mal peignées, elles s'en vont,
souples, bossuées et moutonnantes, glauques ou roses, je ne
sais où, là-bas, jusqu'aux plaines de Hollande, où elles se
perdent dans la timidité d'un ciel bleu tendre.

Entre leurs blancs mamelons, s'ouvrent par échappées des
perspectives calmes, des paysages honnêtes, fins de tons,
tranquilles jusqu'à l'inertie, savoureux à l'œil comme des
grisailles : un moulin qui gesticule au vent de la mer, un
clocher massif sur une tour carrée, des prés à perte de vue,
des animaux assoupis, longs, superbes ; au fond, une brume
violacée, jonchée au hasard de toits garances, de murs

bleuâtres, très bas, de volets d'un vert perruche, éblouissant ;
à l'horizon, une file d'arbres régulièrement espacés semble
fuir la mer ; tous parallèles, penchés, les jambes grêles, la
tête énorme.

Tour à tour douces et âpres, invitantes et perfides, les
dunes ont des gaucheries d'enfant et des sauvageries de
vierges. Leurs sombres manteaux de hoyats, clairsemés de
fleurettes méconnues, sont pleins de surprises. Les buissons
revêches et les épines bistrées s'y hérissent pour préserver
les pensées naines de sacrilèges écrasements. Provocante
comme la déesse antique, née comme elle d'un flot d'écume
et d'un souffle de vent, cette nature vierge a des fiertés
incomprises. Sa solitude est un demi sourire.

Le chardon, libre et robuste, croît sur les sommets balayés
par le vent. Il s'y dresse, envahissant, souverain et comme
glorieux de sa forme noble. Sa feuille large, contractée, aux
courbures hostiles, d'une rigidité saisissante, jette entre la
soie des ajoncs et la rouille des hoyats une note spéciale,
d'un ton pers, laiteux, aux reflets violâtres. Sous les plus
grands vents, c'est à peine s'il fléchit tout d'une pièce, comme
l'acier. C'est lui seul qui retient, en l'étreignant de ses
racines, cette masse énorme de sables. Sur ces mouvants
remparts de poussière qu'il protège, il règne en roi jaloux et
revêche.

Une flore exquise aux couleurs printanières germe sous
une enveloppe mobile comme le vent qui l'a créée. Les
élymes et les linaigrettes huppées y percent joyeusement la
peluche des mousses. L'immortelle des sables constelle,
radieuse, des fondrières tapissées de thyms ; les joncs maritimes piquent de leurs masses chevelues de larges et cré-
meuses coulées de sables. Les panicauts azurés arrêtent des
éboulis immaculés, comme une touffe d'herbes retient suspendue une lave de neige au versant d'un glacier.

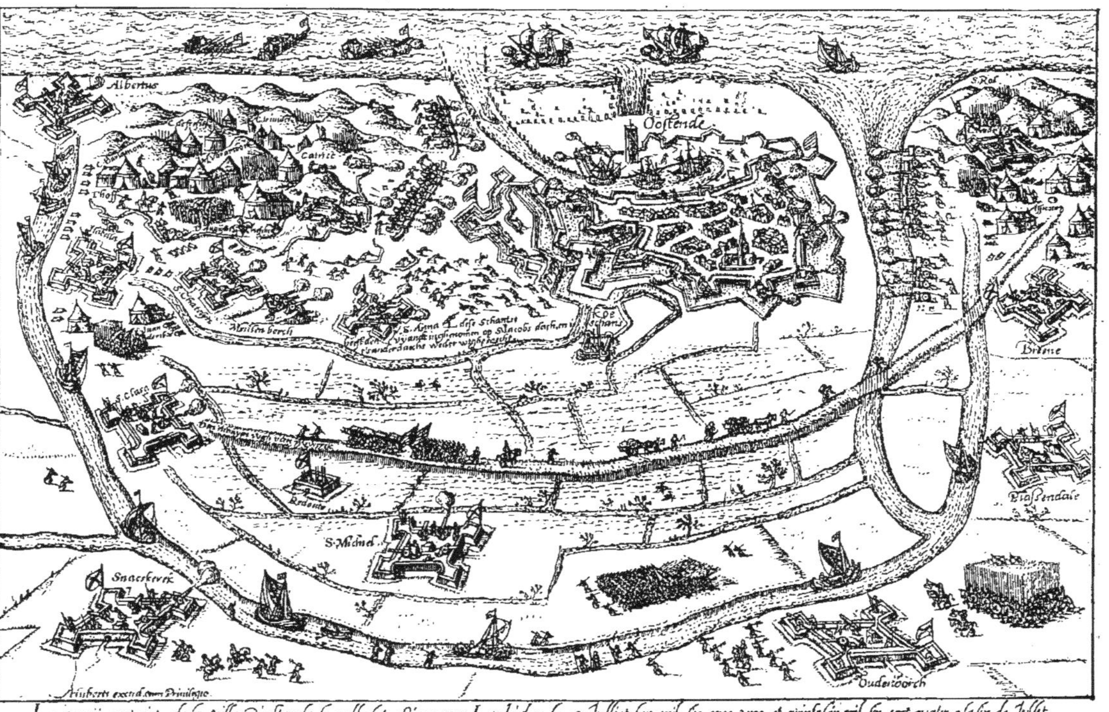

4. LES DUNES D'OSTENDE AU XVIᵉ SIÈCLE. — L'ARMÉE DE SPINOSA SOUS LES MURS D'OSTENDE.

Planche extraite de l'*Histoire générale de la Guerre de Flandre*, par G. Chappuys (Paris, Robert Foüet, 1633, in-fol. — Seconde partie, p. 46 et 47)

Qui croirait qu'à cette même place (où, pour naître au printemps et mourir à l'automne, lutte un humble gramen embroussaillé d'épines noires) s'élevaient jadis des forêts altières, denses et giboyeuses ? Qui croirait que, dans ces landes, où, seuls, les lapins sursautent aujourd'hui sous les pas des promeneurs, de nombreux chasseurs ont poursuivi bruyamment le cerf et le sanglier ? Victimes du vandalisme humain, ormes et chênes sont morts. Morts aussi les pins et les frênes. L'humus fécond a disparu sous les alluvions de sables stériles. Plus rien qu'une végétation modeste et charmante de cythises, d'épine vinette et de troënes ! De loin en loin, croissent timides, de jolies futaies d'aulnes et de peupliers d'Italie. Leur ombre opaque enveloppe le visiteur et, à travers le feu de la lande, couvre de fraîcheur des oasis, asiles de somnolence, d'inconscientes rêveries.

Curieux souvenirs que ceux de ces dunes ostendaises où firent merveille les spadassins de l'archiduc Albert et ceux de Spinosa, pendant l'interminable siège d'Ostende ! Qui sait quelles armes, quels terribles engins de guerre la pioche des générations futures fera surgir un jour de ces gigantesques ossuaires où dorment du même sommeil, les cavaliers de Jules César, les dragons de Louis XIV et les hussards de Napoléon Ier !

Immobiles et mornes, aujourd'hui, ces vastes arènes gardent encore l'empreinte des luttes séculaires dont elles ont été le théâtre ; luttes contre la nature et luttes contre l'homme. Trahies par le vent, elles ont reculé pied à pied devant les assauts de la lame, meurtries, dévastées, mais invaincues.

Le premier obstacle qu'elles opposent aux colères de l'océan, c'est un bourrelet, un amoncellement de sables, abrupt, rapide, obstiné. Au-delà de ce mur, créé par les tempêtes, leurs crêtes s'émoussent, s'arrondissent, décroissent et s'évanouissent au niveau de la plaine banale. Des plaies béantes attestent sur leurs flancs les morsures quotidiennes de la marée montante. Leurs cimes dénudées font songer à

des balafres. L'herbe ne s'y hérisse que par intervalles, drue
et dense, laissant de larges plaques chauves, comme, sur les
fronts meurtris, des chevelures dressées autour de cicatrices.
Les ravins et les écroulements de poussière ont gardé l'imprévu tumultueux de vagues subitement privées de mouvement et de vie. On dirait d'une tempête solidifiée et réduite
à l'immobilité éternelle. La farouche solitude des sommets
porte en elle une mélancolie grandiose d'abandon irrémis-
sible. C'est la poésie troublante des ruines, des champs de
bataille, des cimetières ensevelis sous le commun linceul de
l'oubli.

Les dunes flamandes sont particulièrement belles sur deux
points : près de la Panne, et dans la région de Clemskerke,
entre Ostende et Blankenberghe. C'est là qu'elles ont leur
maximum d'amplitude ; là que leur végétation est la plus
riche ; là que leurs formes sont plus hardies ; que leurs
croupes et leurs cols ondoient plus fièrement ; que leurs
échines s'enfuient plus tumultueuses vers les polders, avec
des effarements de troupeaux poursuivis ; là que, des sommets, dévalent des coulées d'un blanc éclatant, capitonnées
par places de mousses opulentes. Dans ces landes sauvages,
l'ombre est rare, le silence profond.

Seule, l'ardeur du lucre a osé rompre l'unité de ces perspectives majestueuses. Sans pitié pour les amoncellements
inviolés, les spéculations brutales y ont porté leurs tumultes,
leurs fièvres, leurs audaces impatientes. L'avouerai-je ? Je
sais gré, comme piéton, mais j'en veux, comme artiste, à cet
importun tramway qui, dix fois par jour, strident, voile d'un
lourd panache de vapeur le mystère des ravins où picoraient si
tranquillement les spilutes... Devant le monstre, s'envolent
des bandes de zandloopers affolés. Les coureurs de sable aux
jolies ailes grises, qui pullulaient à cœur joie dans le velours
des mousses et dans la soie des hoyats, s'y blottissent maintenant, apeurés. Les mésanges disent leurs terreurs aux lapins

éperdus ; et tous, de concert, s'enfuient, maudissant leur ennemi, l'homme sacrilège, qui ne sait plus ni craindre les bruyantes fureurs de la mer, ni protéger les silencieuses amours des petits oiseaux...

Pauvres exilés ! Ils partent... Où vont-ils ? Plus loin, toujours plus loin ! Au-delà de Wenduyne, au-delà de Heyst et de Knocke. Bien derrière eux, ils laissent les clochetons guindés et les villas ouvragées comme des nappes d'autels. Ils volent à tire d'aile vers la paix, vers le silence, au-delà des villages où les maisons orfévrées ont l'air d'ostensoirs, au-delà des béguinages à carillons et des stations à sifflets ; au-delà des digues et des forts, des ouvrages de briques ou de fer, où l'approche de l'homme leur apparaît comme une perpétuelle menace.

Ils s'arrêtent enfin... tout au bout, là-bas où rien ne bouge que la mer et le vent ; plus rassurés, dans l'ancien estuaire immense et vide des rivières disparues, où se réfugiaient jadis les grands navires de Damme et de Bruges, où, depuis des siècles, s'est ensablé le *Zwin*.

C'est bien au-delà de Knocke. Du haut du phare, dernier rappel des habitations humaines, l'œil plonge sur une perspective sans limites d'épaulements blêmes et de verdures livides. Dans cet abîme de poussières, le chardon lui-même croît, plus inculte et plus rare. Le soleil darde, implacable. La nuit plombe, lugubre. Le vent déchaîné fait rage. Sans les vapeurs de l'île Walcheren noyée dans l'embrun du ciel, on aurait l'illusion d'un paysage polaire. L'œil suit jusqu'à l'horizon les ondulations imprécises et mourantes de la grève. On dirait d'un ossuaire infini où de gigantesques corps endormis soulèvent péniblement les linceuls qui les voilent. Au-delà, plus rien : la majesté du silence et l'effroi de la mort. C'est en face de cette désolation et devant la seule mer comme témoin qu'ils ont, les pauvres pourchassés, replié leurs ailes et terminé leur exode ; c'est là qu'ils ont atterri leurs rayonnantes amours...

Qui saura jamais leurs amères tristesses et leurs rancunes ?...

Parfois, des profondeurs dévastées de l'estuaire, au-dessus des ululements du vent et des aboiements féroces de la vague, s'élève un murmure étrange, une mélopée tout à la fois plaintive et acerbe, dominant les épouvantements de la tempête. C'est la sombre voix des affolés de la dune. C'est le pitoyable concert d'êtres blottis, traqués, oubliés ; la plainte de milliers d'oiseaux éperdus, poussant vers le ciel de lamentables accents de désespoir. Ils disent aux nuages et aux vents leurs buissons dévastés, leurs amours interrompues, leurs nids saccagés. Ces cris de colère sont les appels d'exilés connus de tous les pêcheurs en détresse. Ce sont eux qui, dans les nuits d'ouragans, étourdissent les marins effrayés et les font frissonner au frôlement de leurs ailes froides. Ce sont eux qui, dans l'étincellement des phares, forment, au sommet des lampes, des rondes fascinées et rageuses ; eux encore qui, dans les ténèbres, s'abattent sur les cadavres de marsouins rejetés par la tempête. Fantastiques visions, hallucinations lourdes, tournoyant au sommet des pêcheurs ivres-morts ; fantômes du genièvre, gnômes des nuits sans lune, spectres des solitudes funèbres et des silences inviolés, qu'une goutte de rosée dissout, qu'un rayon d'aurore éblouit ; véritables génies des dunes flamandes, sauvages la nuit, troublantes le jour, dont l'horreur s'évapore avec l'aube, dont le sourire renaît au premier baiser du soleil !...

VIEILLE HISTOIRE

5. Moulin dans les Dunes.

ENEZ vite voir le Coq ! Oui, le Coq, qui bientôt ne sera plus *le Coq,* et Clemskerke qui ne sera plus Clemskerke ! Hâtons-nous, artistes, de les parcourir à pied... ou à âne, avant que la rage des hôtels ait saccagé cette nature vierge !

Déjà *le Coq* a vu se former une Société de spéculateurs. Un Grand Hôtel a été construit. Le gouvernement entreprend le reboisement des dunes. Que dis-je ? on va créer, d'Ostende à Wenduyne, un parc officiel.

Adieu, lapins ; adieu, poules ; adieu, porcs étalés au soleil ! On fera des allées bien droites, carossables, des halls, des refuges, des buvettes, des bassins avec des statues académiques. Quoi encore ? Une installation pour les bains de sable sec !

Heureusement, voilà qui m'a remis les sens en place. Écoutez : c'est une histoire toute simple. Elle me fut dite par

un petit enfant de cinq ans qui parlait bien le français, —
chose rare.

Cela se passait il y a bien longtemps, le 12 septembre
d'une année dont on suppose bien que le bébé ne savait pas
la date. On vit, un matin, flotter au loin sur l'eau, entre
Wenduyne et Vlisseghem (Vlisseghem est un village à une
demi-heure de la côte), quelque chose de mince, noir et
blanc tout à la fois. Un instant, on crut à l'émersion d'une
épave portant un naufragé sans vêtement. Cependant le point
blanc demeurait immobile sur les vagues et la planche noire
était si petite, qu'il était impossible de la prendre pour une
poutre. Le vent poussait l'objet à terre ; tout le village était
venu voir. On alla chercher une lunette. Quel ne fut pas le
saisissement de la foule ? Ce qu'on avait pris d'abord pour
une épave était un crucifix embarqué à bord d'une chaloupe
de pêche bien connue et tombé dans la mer pendant la
tempête. Nul doute que la barque fût encore en détresse. Le
bon Dieu lui-même semblait en apporter la nouvelle. Le curé
du village, homme de grand cœur et de foi simple — il est
excellent qu'il y en ait beaucoup comme cela sur les côtes,
— ne voulut point qu'un autre allât recueillir le précieux
messager de douleurs. — Pendant qu'on appareillait pour
courir au secours des camarades en détresse, lui, dévêtit sa
soutane, entra résolument dans la mer, nagea tout habillé et
revint, portant dans ses bras le crucifix devant lequel tous les
hommes et toutes les femmes se signèrent pieusement. Le
sauvetage fut couronné de succès. Les naufragés furent
recueillis, ramenés à Wenduyne. Depuis ce moment, le
christ est exposé dans la chapelle de Vlisseghem, et, le
12 septembre de chaque année, tous les marins de la côte
l'escortent processionnellement.

L'histoire est simple et méritait d'être recueillie.

6. Reste de fortification française à Wenduyne.

L'ÉPAVE DE VLISSEGHEM

Vers cette partie du littoral belge, se montre encore un léger épaulement en terre qui fut jadis un élément de défense important. Les Français y avaient établi une forte batterie, dont la dernière crête est encore marquée par une ligne horizontale bien nette, au milieu des ondulations de la dune.

C'est non loin de là qu'un bateau de pêche ostendais vint échouer en 1884. Enlisé dans le sable mouvant, il était encore à la même place il y a quelques années, couvert par la lame à marée haute, secoué par le vent et rongé par la pourriture à marée basse. Des herbes éplorées découlaient de ses bords. On allait voir l'épave après avoir vu le christ. C'étaient là deux promenades du pays. Une seule des deux — la première — subsiste sans doute encore aujourd'hui.

J'y suis allé à mon tour. De hardies pêcheuses de crevettes étaient déjà dans l'eau jusqu'à mi-corps, échelonnées depuis Wenduyne, la hotte au dos, fouillant le fond avec leur filet. Çà et là, des enfants, des jeunes gens joyeux, des touristes engagés à la promenade sur la grève par la limpidité de l'air et la clarté du soleil.

Curieuse antithèse que celle de ces vigoureuses filles de pêcheurs, de cette bruyante et folle jeunesse, face à face avec la vieille chaloupe noircie, décarcassée, couverte de lèpre et rongée par les talitres ! C'était plus qu'il n'en fallait pour me remettre en mémoire quelques bien jolis vers, que j'ai trouvés

je ne sais plus où, dans un salon rimé, je crois ; ils me
semblent avoir ici une place toute marquée.

7. Vieille épave à Vlisseghem.

La mer est basse ; le soleil
A l'horizon lointain se lève,
Donnant un ton rose et vermeil
Aux grains de sable de la grève.

C'est le matin ; tous les chalets
Entr'ouvrent leurs persiennes vertes ;
Du village, avec leurs filets,
Les pêcheuses viennent alertes.

Et, quand le soleil matinal,
Montrant le bout de son nez rose,
Du réveil donne le signal
A travers la fenêtre close,

Vite, vite, les amoureux,
Au premier souffle de la brise,
Émoustillés, aventureux,
Humant ce parfum qui les grise,

Dans les dunes vont se cacher
Et se conter de douces choses.
Ah qu'il a dû s'en dénicher
De baisers sur les lèvres roses !

Plus d'un couple s'est embrassé,
Je gagerais, là-bas, à l'ombre
Du vieux bateau décarcassé ;
S'il fallait en compter le nombre !...

8. Wenduyne à vol d'oiseau
en 1896.

WENDUYNE

Voici Wenduyne, où nous sommes bien. Des hôtes affables, empressés. On se ressent de l'approche de Blankenberghe. Qui se rappelle ce qu'était Wenduyne avant le tramway? Une dizaine de maisons groupées à la file, sur un sable d'allure inégale; une petite digue, un petit bain, un autre groupe de maisons s'éloignant dans une direction perpendiculaire à la première et, jadis, c'était tout. Tout cela a grandi et grandira encore.

Entre les deux groupes de maisons, glissait le tramway. Tel était Wenduyne, il y a quelques années. Cet écart de Blankenberghe n'était pas connu. Je soupçonne qu'il fut découvert par le réseau vicinal, qu'on a depuis déplacé. Du haut de la dune, le paysage, d'une grande simplicité de lignes, était alors charmant. A gauche, la mer piquée de voiles. A droite, de plantureuses campagnes, de Blankenberghe à Nieuw-Munster, et, tout au loin, découpant à l'horizon une pelotte de minces aiguilles : le port de refuge.

Tout cela rayonnait dans un ciel bleu doux, avec des finesses de tons à désespérer un amateur de griseries.

Aujourd'hui, Wenduyne, moins rustique, a doublé d'importance, gardant aux yeux des paysagistes, piétons avant tout, le prestige de ses dunes d'environ un kilomètre de largeur. Son panorama maritime, s'étend d'Ostende, qu'on voit à gauche, jusqu'aux brumes indécises de l'île de Walcheren, bien au-delà de Knocke. Je n'ai pas, je l'avoue, compté les cinquante-six clochers qui se montrent aux curieux sur les derniers plateaux de la dune; mais, bien certainement, cette station est appelée à un développement considérable, auquel aura contribué le déplacement du vicinal. Perré d'environ un kilomètre, promenoir, route carossable le long des villas et boulevards de 1,200 mètres de long, voilà les garanties de confortable qu'offre aujourd'hui le nouveau Wenduyne aux groupes de touristes. On y trouve même de l'excellente eau potable — ce qui n'est pas à dédaigner pour les membres des ligues antialcooliques, — et une canalisation d'égout, ce qui assure une salubrité plus parfaite que partout ailleurs.

Dans ces conditions, on ne peut guère s'étonner d'avoir vu des villas venir se grouper en deux ans sur les 2,700 mètres carré de dunes domaniales concédées aux hôtels par la Commune.

Terminons mon croquis et passons.

Le tramway m'appelle, et j'ai à peine le temps de descendre de l'hôtel Pauwels, qui occupe le centre de la digue, jusqu'à la station.

Dans un quart d'heure j'aurai revu Blankenberghe, l'une des plages où j'ai laissé le plus de souvenirs de jeunesse ; où j'ai vécu le plus intimement avec le ciel, le vent et la mer.

BLANKENBERGHE

SURPRISE

9. La pêche au crâbe.

LANKENBERGHE !
Le train s'arrête et
tout un monde de
voyageurs se précipite
hors des wagons, tiraillé
par une armée de commis-
sionnaires.

Aurions-nous cru, vous et
moi, il y a quelque trente ans,
qu'Ostende pût redouter une rivale sur
la côte flamande ?

Aurions-nous cru que Blankenberghe, ce modeste village
de pêcheurs blotti derrière les sables et à peine connu,

élèverait un jour la prétention de transformer sa grève
déserte, refuge de quelques artistes, en une station balnéaire
pourvue de tous les agréments de la vie mondaine?

A qui nous eût dit qu'un pareil miracle s'accomplirait en
dix années à peine, nous eussions répondu par un sourire

10. Une vue de la plage, en 1845, à Blankenberghe.

d'incrédulité, oubliant que la mer et la mode sont deux
grands thaumaturges, dont on ne peut guère deviner les
caprices.

Le fait est que le miracle s'est accompli.

Jamais, dans tout le royaume de Belgique, métamorphose
n'a été plus rapide, plus inattendue, plus complète, grâce
aux chemins de fer; plus ardemment provoquée par les
hôteliers; mais plus regrettée aussi — il faut bien le dire —
par quelques-uns que laissent insensibles ou même énervent
le tumulte des Casinos, le mouvement perpétuel de la grande
digue, le vacarme des fêtes, sans repos ni trève.

Et ceux-là, — vous l'avouerai-je? — je n'ai pas, sur bien
des points, le courage de les blâmer.

Qui donc n'a jamais ressenti le besoin de quitter subitement
la vie factice, les névroses du bal, du jeu, des courses, des
régates, des tables d'hôtes, pour s'effacer dans un milieu

plus calme, plus libre, plus indépendant, où l'on puisse écrire, peindre, lire, chasser, manger, fumer, dormir sans témoins; où l'on ait la liberté de tutoyer les enfants à cœur joie; où les relations de voisinage n'entraînent aucuns sacrifices dispendieux pour les bourses modestes?

C'est de ce besoin qu'était né le Blankenberghe primitif de 1840, celui dont, il reste peu de chose. Le Blankenberghe de 1890? Étrange surprise pour les touristes sauvages qui croient y retrouver leurs impressions d'antan! Tout a disparu. *Ceci* a tué *cela*.

Mais si *ceci* mérite plus que de l'éloge, faut-il complètement oublier *cela*? Faut-il méconnaître que le vieux Blankenberghe a été près d'un demi-siècle, pour les amis du silence, de la libre allure et du bon plaisir, un paradis incomparable par sa situation splendide, par l'étendue de sa plage, par la simplicité de ses mœurs, par l'économie et la variété de ses ressources, à la portée des budgets les plus humbles?

11. Souvenirs d'antan (1850).

SOUVENIRS D'ANTAN

QUE sont-ils devenus, ces vestiges de l'ancien Blankenberghe, au milieu du nouveau? car, vraiment, je m'y perds.

Vous souvient-il du temps, vers 1850, où n'existait point encore la ligne du littoral qui relie Bruges aux premières villes de la côte hollandaise? Où la cité coquette d'aujourd'hui n'était qu'un village ensablé dans la dune, aux naïvetés antiques, précieuses par leur familiarité hospitalière et leur tranquille franchise?

Vous souvient-il de ces quelques cahutes basses de pêcheurs, où l'on trouvait à bon compte — trésors si rares! — la paix, le recueillement et la vie plantureuse, au grand air de l'océan, loin des trombones du kursaal et du rateau des croupiers?

Avez-vous gardé mémoire de ces montagnes de sable chevelues où l'on s'enterrait vivant pour goûter dans une oisiveté
à peine consciente, le repos et l'oubli des labeurs, « jucunda
oblivia », prescrits aux infirmes de la pensée ?

Combien longtemps la colonie des gens tout simples qui se
donnaient rendez-vous chaque année sur cette jolie plage
demeura-t-elle réduite à quelques familles, à de rares
monomanes de la quiétude, littérateurs ou peintres, en quête
d'études prises sur le vif, en face d'une nature vierge de tout
maquillage et de toute corruption !

1850 ! Période charmante, intime, patriarcale. Qui nous
eût dit alors que l'inauguration de la nouvelle voie ouvrirait
pour ces paisibles bicoques une ère de vie factice, où la vanité,
le décorum, l'ostentation occuperaient la première place ; où
les lois tyranniques de la mode étoufferaient les expansions
de notre cher « sans gêne » ?

La première fois que je vis Blankenberghe, c'était en
1850. La seconde fois, en 1888, je ne l'ai pas reconnu.
Omnibus, bazars, tramways, japonneries, Graziellas d'atelier,
roulant des orgues de barbarie dans des rues alignées et
pourvues de trottoirs : j'ai cru à une méprise, à une erreur de
station. N'eût été la petite église Notre-Dame et son massif
clocher carré, je reprenais le train.

Où donc sont nos vieux estaminets tout simples, où l'on
s'attardait à d'interminables carambolages ?

Vous souvient-il, notamment, de cette auberge unique qui
nous accueillait alors, chaude et gaie, dans un large poêle où
l'esprit jaillissait en fusées, tandis que la fumée des pipes se
tordait en tire-bouchons bleus ? Quelle âcre odeur de marée
surgissait par bouffées des portes basses des pêcheurs ! Mais
aussi, tudieu ! quelles fritures ! quelles soles, quels
esturgeons, quels turbotins, quels homards ! Et surtout
quelles sauces ! L'auberge n'avait point de concurrence ; c'est

vrai ; et le patron tenait à honneur d'*offrir*, au début de chaque repas, tout un brise-lame de moules marinières.

Qui donc, aujourd'hui, offre des moules ?

Mais quelles moules, mes amis ! Jamais, non jamais, depuis, je n'en ai rencontré de pareilles !, Une chair exquise, grasse sous la dent, superbe à l'œil, savoureuse au goût ; nulle part le roi Léopold n'en a certainement mangé de semblables.

Et quels *hurrah* l'on poussait quand l'aubergiste se « fendait » d'une vieille bouteille dépouillée en cave ! Joignez à tout cela quelques biscottes et des pommes de terre de qualité supérieure, de la crème, du café grillé sur l'heure, une bonne pipe brochant sur le tout : voilà nos repas d'alors ! Nous n'en demandions pas davantage ! Ah ! c'eût été un *tolle* unanime, si l'on nous eût exhibé l'un de ces menus hyperesthésiques qui servent aujourd'hui de réclame à nos hôtels modernes ! La dune et la clarté du ciel, n'était-ce donc pas plus qu'il ne fallait pour passer une bonne journée, pantelants, évanouis à demi, comme des sauriens au soleil, sur la crète de la dune — vierge alors — où l'on ne parvenait qu'à quatre pattes, pestant, jurant, luttant des pieds et des mains, avançant d'un pas, reculant de quatre ?

Ah ! maudites soient les municipalités qui, jugeant ces ascensions trop pénibles, ont inventé l'alignement d'une digue, des rues au cordeau et des escaliers au bout de chaque rue ! Oui, je dis bien ! des escaliers, de vrais escaliers, avec des rampes en fer, pour relier le village à la mer ! L'océan à l'entresol ! A-t-on jamais vu cela ?

Mais la dune ! barbares ? la vieille dune, qu'en avez-vous fait ? Le sable, les chardons, les cythises, oui, les cythises, où les avez-vous mis ? Il faut aller là-bas, maintenant, au-delà du chemin de fer, je ne sais où ; faire trois kilomètres pour les trouver et autant pour revenir, sous les fenêtres de toutes les villas qui vous regardent ! En vérité, où voulez-vous donc qu'on se roule à l'aise, avec des gaîtés d'Aliboron ?

GARDEZ LES CRAMPONS !

Oui, j'entends bien : les rues d'aujourd'hui — c'est vrai — sont superbement pavées, décorées, pourvues de trottoirs. On s'imagine bien que celles d'il y a cinquante ans n'étaient point aussi soigneusement entretenues et balayées. Chaque habitant y déposait même régulièrement tous les matins son petit minimum de détritus et d'immondices. Hygiène blâmable, sans doute ; mais le vent du large faisait si vite place nette !...

— Alors, vous réprouvez le progrès ?

— Nullement ! Car c'est un autre vent, venu, lui aussi, du large et devant lequel il faut, bon gré mal gré, carguer ses voiles. Mais, est-ce donc un crime de jeter un regard en arrière et de payer un tribut de souvenir aux vieilles libertés disparues ?

Il était une fois....

— C'est donc une histoire ?

— Oui, certes, c'est une histoire : celle d'une petite ville ou plutôt d'un petit village devenu grand par la grâce de son commerce et par la fantaisie de la mode.

Le premier chapitre est une légende. Toutes les villes du littoral belge ont une légende dans leur berceau. Celle de Blankenberghe lui donne pour point de départ un bourg enseveli par un cataclysme de l'Océan. Le bourg se serait

appelé *Scharphout*. Des savants — certainement malinten-
tionnés — prétendent que le bourg en question se réduisait
à une chapelle. Ce sont de vilaines gens qui disent cela ;
sans doute des paléographes, des archivistes, des experts en
écriture, des gens qui ne s'entendent sur rien, comme on l'a
bien vu dans de récents et retentissants procès... Pour moi,
j'aime bien mieux croire qu'en errant sur la dune je foule
un monde disparu.

Le second chapitre nous parle d'un seigneur qui possédait,
en l'an de grâce 1526, un moulin à vent du côté de Uytkerke
et qui spéculait sur les farines de Blankenberghe, comme
un simple courtier d'Anvers ou de New-York. Les pêcheurs
le firent condamner et firent bien. Il dut fortifier le village
et payer les frais du procès. Ah ! si l'on traitait de même
certains courtiers d'aujourd'hui, quel pays fortifié deviendrait
la Belgique !

Il y a, dans l'histoire de la petite bourgade, nombre de
chapitres comme cela. Toute la période du Moyen âge se
résume en traits assez simples : bien boire, combattre vail-
lamment, réparer les désastres causés par les inondations ou
les guerres. C'était là, à peu de chose près, le fond de la vie
flamande sur cette côte, du xiiie au xvie siècle.

Bien boire — d'abord. Les Blankenbergeois n'y man-
quaient point. Sensibles, alors comme aujourd'hui, à l'attrait
des grandes beuveries, ils imposaient aux visiteurs illustres
qui s'égaraient dans leurs sables un nombre considérable de
brocs de vin, — redevance de bienvenue. Les visiteurs d'aujourd'hui paient la même redevance, non moins cher, mais
sous une autre forme. Le résultat est le même. Heureux
temps où le raisin n'avait pas été détrôné par le genièvre !
où, comme après Pavie, les pêcheurs de ces plages pouvaient, par grande libéralité municipale, boire le vin mous-
seux à même les fontaines !

Bien combattre ensuite. Les gens de Blankenberghe ne
s'en faisaient pas faute et s'y entendaient. Saccagé, violé,

incendié, pillé, Blankenberghe le fut plus, assurément, qu'aucun port des Pays-Bas. Il fallut l'arrivée des Espagnols pour que, pendant deux siècles, le commerce y prît quelque essor. Les pêcheurs gardent encore souvenir des institutions maritimes de Marie-Thérèse. Ils avaient de bons motifs pour les admirer et plus encore ont-ils raison de leur demeurer fidèles !

La petite ville traversa sans catastrophe la Révolution française et la période militante de Napoléon Ier. Pacifique, laborieuse, depuis 1800 elle l'a toujours été. Elle compte aujourd'hui 2,500 âmes ; et ceux-là même qui, comme moi, regrettent avec entêtement son unique auberge de 1850, sont forcés de s'incliner avec mauvaise humeur devant ses constructions superbes qui font la nique au vieux village.

Industrieux et malins, sous leur flegme apparent, les hôteliers de Blankenberghe ont appris de bonne heure l'art d'exciter avec intelligence les mille fantaisies des étrangers. Ceux d'Ostende leur ont tracé la voie. Je ne songe point à les blâmer. Ils se montrent, en affaires, dignes fils de leurs rusés ancêtres du xve siècle. Ceux-là payaient largement..., en messes et en eau bénite, — des acquisitions de terrains arrachées par surprise ou par force aux comtes de Flandre. Étrange différence des temps et des mœurs ! S'imagine-t-on l'accueil que ferait de nos jours le Crédit foncier à un Conseil d'échevins, qui lui proposerait sérieusement de liquider un emprunt par un solde de litanies et d'*oremus ?*... Une autre fois, la même municipalité de Blankenberghe envahit un champ et le paya au propriétaire par l'envoi... d'un magnifique marsouin pêché sur les côtes du Danemarck. La petite ville pouvait ainsi s'arrondir à peu de frais. Il y a cinq cents ans, le numéraire était rare. Les Flamands de la côte aimaient volontiers à payer leurs créanciers « en nature »... Mais aussi, — marsouins à part — quelle nature !

Je me suis laissé raconter mille anecdotes historiques de ce genre, plus curieuses les unes que les autres, et qui ne sauraient trouver place ici, mais qui montrent, chez ces populations d'aspect fort simple, un esprit précoce d'économie et de lucre uni à un sincère amour de leurs libertés. N'est-ce point Blankenberghe qui, pour mieux honorer son collège municipal, prenait à sa charge tout son habillement ? Mieux vêtus, leurs mandataires pouvaient faire dans les cérémonies publiques, soit chez eux, soit à l'extérieur, plus décente figure. L'économie et le zèle, dans toutes les questions d'ordre public, sont des traits distinctifs des hommes du Nord. Sur ces côtes de Flandre, vous les retrouverez aussi vivaces aujourd'hui qu'il y a cinq siècles.

On disait, il y a quelques années, qu'on allait démolir l'ancien hôtel de ville de Blankenberghe et en reconstruire un plus important. On n'en a pas été loin ; et, pour ma part, je l'eusse regretté vivement. Celui qui existe actuellement, était peut-être, comme place, devenu insuffisant pour les besoins municipaux. Mais, dans sa modeste dimension, avec sa grande cour de ferme adjacente, il était d'aspect charmant. On eût pu le déplacer ; le remplacer, jamais. Son clocher pittoresque tranche hardiment sur les constructions familières et sur les hôtels modernes qui l'avoisinent. Les petites maisons de pêcheurs qu'on voyait auprès et qui (telles que je les ai dessinées, il y a deux ans à peine) touchaient à l'Hôtel du Nord, semblaient autrefois placées là tout exprès pour attester la perpétuité de vieilles coutumes dont les municipalités antérieures auraient dû garder pieusement les traditions. L'hôtel de ville de Blankenberghe qui, à côté de détails espagnols très curieux, porte dans son architecture la marque des luttes et des conquêtes modernes, ne pouvait être mieux situé qu'entre les hardies conceptions du présent et les intéressants vestiges du passé. On l'a laissé en place ; tant mieux. Mais c'est un tort d'avoir fait disparaître la laiterie voisine. A Blankenberghe, comme à toutes les vieilles cités flamandes, je voudrais pouvoir dire : Ajoutez l'indispensable à vos vieux monuments ; n'en changez jamais

ni la destination ni le caractère fondamental. Voltaire, malgré
tout son esprit, a dit un jour, bien à tort, de ces précieuses
reliques qu'elles « ne prouvaient le plus souvent qu'une erreur

12. Hôtel de Ville de Blankenberghe.

consacrée ». Ce n'est pas la seule erreur que Voltaire ait
commise. J'aime mieux répéter après Joubert, un écrivain
d'esprit aussi, mais de plus de conscience que Voltaire :

« Les monuments sont .des crampons qui unissent une génération à une autre ». Flamands, gardez les crampons qui ont survécu aux générations de vos pères, et n'imitez jamais les peuples qui récusent, comme inutiles ou suspects, les témoins de leurs conquêtes! Le cœur du peuple est tout entier dans ses archives et dans ses vieux hôtels de ville.

Voilà, si je l'osais, ce que je voudrais pouvoir dire de tous les monuments de ces cités dites « mortes » mais immortelles.

Il est vrai que, si j'élevais la voix, elles seraient fondées à me faire observer que je me mêle de ce qui ne me regarde pas. En quoi elles n'auraient point tort, et c'est une des excellentes raisons qui me déterminent, Français que je suis, à garder le silence.

13. Les Hôtels, sur la digue de Blankenberghe.

NOTES D'ALBUM

Huit heures. — Une aube gaie se lève dans un ciel moiré derrière les silhouettes des pignons. Les villas sont éveillées depuis une heure. Tout présage une forte marée. Le *surouest* soulève au large de lourdes franges d'écume...

Le long des balcons, de jolies nichées d'enfants bigarrés courent et s'arrêtent, posés comme des bengalis derrière un grillage. Sur toute la longueur de la digue, les vérandas prennent à tour de rôle des airs de volières. Des cris d'appel disent bonjour à la mer qui grossit, au soleil qui monte.

Une demi teinte confuse noie dans un effet d'ensemble les flèches suraiguës, les tourelles crénelées, les façades embalconnées jusqu'au faîte. A chaque étage, surgissent des têtes curieuses du jour nouveau.

Le matin naît dans l'enchantement d'une douce lumière. A peine entrevus dans l'entrebàillement des fenêtres, de longs peignoirs ondulent et s'évanouissent. Tout au fond, derrière les stores, de grands bras blancs s'étirent, secouant au vent frais de la mer leur paresse mal éveillée.

La digue est encore déserte. Les servantes affairées heurtent en riant les garçons d'hôtels. Des pêcheurs chargés de filets traînent par bandes massives de forts engins de pêche.

Tout en bas, serrées comme des moutons en plaine, les cabines bariolées dentèlent l'horizon. Devant leurs rayures, un sable d'or vaste et nu s'étend, sans limites. La dune profile ses ondulations claires du côté de Heyst, dans un ciel balayé par la rafale.

Neuf heures. — La journée commence. Le soleil déjà haut accroche des étincelles sur les girouettes de métal. Au pied des villas, un murmure bruit dans les jardins. La rosée perle sur les magnolias. Les chaises s'alignent, les tables se dressent. Devant des nappes blanches, enfants et gouvernantes viennent, à tour de rôle, arroser de thé ou de café les crevettes roses dérobées à la mer pendant la nuit. Dans les angles des parterres, des collégiens lisent distraitement. Les claviers commencent à chromatiser ; des doigts mignons épèlent des gammes par les fenêtres ouvertes.

Le flot monte. Très loin, la petite escadre des pêcheurs anime de taches roses et grises le jade de la mer. Et, pendant que les chaloupes franchissent le chenal, les premiers levés des baigneurs s'accostent, s'interrogent. C'est l'heure des bonjours et des projets entre les plus matineux :

— Allez-vous à Ostende ? — Non, j'irai peut-être à Heyst. — A âne ? — Si vous voulez.

Et, vite, on court à la place du marché, n'importe où, retenir des baudets. Il faut partir sur l'heure, si l'on veut être revenu pour le moment du bain, à marée haute.

14. La Place du Marché, à Blankenberghe.

SUR LE MARCHÉ

C'EST aujourd'hui le jour du marché. On va pouvoir admirer sur cette petite place de Blankenberghe, autour des fruits, des légumes et des coupons d'étoffes, une animation de quelques heures, dont les villes flamandes ne sont point coutumières. Très pittoresque, le mélange des jerseys et des grands chapeaux de paille, avec les flanelles rouges des pêcheurs, les longs manteaux de soie à capuchons et les boucles d'oreilles légères comme une dentelle d'or. Marché primitif du reste, car tout s'y étale en plein vent : les comestibles, les vaisselles et les fausses antiquités venues de Gand ou de Bruges pour affriander les gogos qui s'y laissent prendre.

Pendant trois heures, ce sont des allées et venues, des cris d'âniers traversant les étalages, au mépris des droits des marchands. Très surprises, de naïves étrangères s'extasient autour des dentelles du pays qu'on leur fait payer beaucoup plus cher qu'à Bruxelles.

La place est, en elle-même, fort intéressante ; elle a gardé le vieil aspect qu'elle avait il y a cent années avec ses maisons basses de pêcheurs, surplombées de hauts toits en tuiles.

C'est tout à côté, dans des officines spéciales de « dégustation » que j'ai mangé les meilleures crevettes. Le poisson y est doublement salé, comme prix et comme assaisonnement, pour faire boire. C'est aussi là que, pour la première fois, j'ai rencontré l'ancien publicateur de ville, le plus étrange type qu'on puisse imaginer, et qui, je crois, n'existe plus aujourd'hui ; j'en parlerai plus loin.

MATINÉE SUR LA DIGUE

Dix heures. — Prémices du bain. La mer est forte. Vers la
plage, grand mouvement des oisifs et des curieuses. —
Celles-ci, les jeunes, vont par bandes, gracieuses, éperdues,
les cheveux éployés sur leurs épaules ou tordus en masses
sous des casquettes aux allures masculines. Les nattes dorées
chatoyent au soleil. Des nez roses s'insurgent sous de gigantesques ogives de paille. L'armée des chapeaux dresse ses
batteries contre le soleil et le vent qui font rage autour de
jolies nuques frisées. C'est à Blankenberghe que j'avais
songé pour la première fois à écrire la monographie des
chapeaux « bain de mer », aujourd'hui fort délaissés, et bien à
tort. J'y ai renoncé. C'était l'imprévu greffé sur l'impossible.
Qui croirait qu'un simple tissu de paillasson ait pu se prêter
à d'aussi capricieuses architectures ? N'est-ce pas un poète du
siècle dernier qui a dit :

> La Mode, fille du Caprice,
> Naquit dans l'île de Vénus ;
> L'inconstance fut sa nourrice
> Et son précepteur fut Momus.

Les leçons du maître ont porté fruit. La gaîté jaillit de
toutes ces formes diverses. Si Marie-Thérèse pouvait voir
aujourd'hui Blankenberghe, sa ville préférée, elle ne renver-
rait plus le portrait de sa fille Marie-Antoinette. Elle ne
s'indignerait plus, qu'au lieu d'une figure royale, on lui eût
expédié quelque chose qui rappellait la tête d'une actrice en
vogue. Le théâtre impose ses lois à la mode. Dans toutes les
jolies coiffures qui encadrent les visages de nos mondaines,

on a revu quelque succès théâtral de l'année. Sur le front de
nos élégantes, la Mascotte rivalisa avec Niniche, et Lili fit la
nique à Serpolette et à Madame Sans-Gêne. Etrange assaut
de caprices ; singulier conflit de nuances claires, où la couleur
blanche est déesse par sa tendresse juvénile ; où le rouge est
roi par son éclat orgueilleux et souverain. *Originality for*

15. Le matin, sur la digue de Blankenberghe.

ever ! La gaze fait palpiter autour des fronts toutes les nuances
de la palette. Le sable, égayé par l'azur des voiles et le ver-
millon des ombrelles, prend l'aspect d'un vaste champ de blé
piqué de liserons et de coquelicots. Les jeux s'entremêlent ;
les tambourins résonnent, les cerceaux roulent, les balles
sautent, les raquettes rebondissent, les maillets toquent
bruyamment les boules ; une sève de jeunesse folle et
triomphante déborde de cette foule qui s'ébat, qui rit, court,
crie et recule, effarée, disputant l'arène de ses jeux à l'écume
de la marée montante...

Onze heures. — La digue est plus éclairée. Le soleil l'envahit par degrés. Les grandes ombres du Casino, du Kursaal, des hôtels d'Hondt, Bagnéris et de l'Océan, couvrent encore les briques roses. Mais, déjà, les stores rayés s'abaissent. Un cliquetis lointain de vaisselles s'échappe des devantures. C'est la fanfare des salles à manger.

16. La leçon de crochet, sur la plage.

Au dehors, sur de petites tables, au dedans, dans de gigantesques salles, les serveurs chargés d'assiettes circulent, dressant d'interminables files de couverts. Les sommeliers accrochent les « menus du jour » aux colonnes. En bas, sur la grève, l'ébranlement est général ; l'heure du bain s'approche.

Les promeneurs ont maintenant deux allures.

Les uns, patients, attendant pour se déshabiller les derniers spasmes de la marée, déambulent lentement, rythmant leur marche. Ceux-ci sont les baigneurs graves, les dilettantes de la lame. Ils n'entreront dans l'eau qu'à midi, quand la cohue sera passée.

17. Le tricot du matin.

Les autres, véritables brouillons de plaisir, toujours impatients du plongeon et déjà sortis de l'eau, vont et viennent, agités, frissonnants ; les femmes croisent sur leur poitrine de longs châles dont la rafale fait onduler les pointes en arrière comme des pavillons de chaloupe. Ne les arrêtez pas : elles « réactionnent », jetant au vent qui les emporte les impressions de la ronde flagellée d'écume qu'elles ont dansée tout à l'heure, en dépit des vagues.

Et les voici maintenant qui harcèlent les timides, les hésitants, les paresseux. Les sociétés se cherchent, se croisent : — Comment ? Vous avez pris votre bain ? — Oui ! — Et déjà dehors ? — Certainement ! Et vous ? — Moi, j'y vais seulement. — Oh ! paresseuse ! — La mer est forte ? — Enorme ! — L'eau est bonne ? — Exquise ! on est tout aveuglé...

Et, le dernier mot lancé, les « réactionnaires » s'enfuient, gaies, étourdies, congestionnées, par groupes de trois à quatre, le diable au corps, grignotant des « pistolets dorés ».

La foule grossit. Les escaliers s'encombrent ; ceux qui vont de la ville à la digue comme ceux qui mènent de la digue à la mer. Chaque minute envoie à la plage de nouveaux groupes de baigneurs. C'est un va-et-vient formidable. Les Anglaises abandonnent le *lawn-tennis*. Des bandes de jeunes Allemandes montent et descendent le long des rampes de bois, en faisant craquer les marches. Un moment, j'y distingue un double courant de gracieuses sémites, qui me font vaguement songer à l'échelle de Jacob. Un quart d'heure encore et le coup d'œil de la plage sera étourdissant.

18. Le Lawn-Tennis.

CE QU'ÉTAIENT
LES COSTUMES DE BAIN
AU SIÈCLE DERNIER

J'ai pris mon premier bain hier, par un grand soleil. Et, bien que je sois un vieux loup-garou, j'ai dû constater sur la plage de Blankenberghe, vaste dix fois comme celle d'Ostende, que la sécurité publique, l'hygiène, le confortable, ont acquis aujourd'hui des garanties que nos pères n'ont point connues.

On ne devinera jamais ce qu'étaient les bains, ou, pour être plus exact, ce qu'était la grève de ce petit hameau, il y a un demi-siècle. J'imagine qu'il doit s'en trouver encore de tels sur les côtes de la Nouvelle-Guinée ou dans les criques de Madagascar. Leur simplicité première était en rapport avec les tolérances de l'édilité. J'ai justement retrouvé, dans un kiosque à journaux de la digue, un livre signé de M. Bardin. Cet ouvrage ne date point d'hier, mais ses fines observations ont leur prix pour ceux qui sont curieux de comparaisons. J'y veux cueillir quelques détails piquants qui donnent un aperçu sur les mœurs balnéaires de Blankenberghe, à un siècle de distance.

Voici d'abord un document de 1750. La libre allure des baigneurs avait éveillé l'attention de l'autorité épiscopale d'alors. La municipalité intervint par l'arrêté suivant :

« Sur les plaintes à nous faites de la part de Son Éminence « de Bruges, au sujet des allures indécentes et inconvenantes « de ceux qui se veulent baigner et laver sur la plage en-deçà « des limites de la ville, se montrent nus et d'une façon fort « répréhensible, de telle sorte qu'il s'en est trouvé qui ont « osé se présenter en ville de la manière précitée ;

« Ce qui tend à un grand scandale de la chrétienté ;

« Si est :

« Que nous voulons et décrétons que les points et articles « suivants soient rigoureusement observés :

« 1° Que nul ne se permette d'aller à la mer nu ou vêtu « d'une façon indécente et ne se montre ainsi en ville, sous « peine d'amende de dix florins courants, dont la moitié « reviendra à l'officier instrumentaire et l'autre moitié aux « seigneurs.

« Et, s'il arrive que le délinquant soit insolvable ou hors « d'état de payer en espèces sonnantes, l'amende encourue, « devra le délinquant placer caution suffisante, sinon il sera « arrêté par l'officier instrumentaire, lequel lui donnera gîte « s'il est solvable ; sinon, l'incarcérera dans la prison civile « pour être corrigé et puni suivant la gravité du cas. »

La même ordonnance frappait de peines non moins sévères « les cabaretiers qui auraient servi à boire pendant l'heure « des offices, les débitants et boutiquiers qui auraient vendu

« et les acheteurs qui seraient nantis de la chose achetée ; les
« chirurgiens ou les barbiers qui auraient fait la barbe, ou
« ceux qui se la seraient laissé faire. »

Tel était le régime des bains et la police des cabarets, à
Blankenberghe, pendant la seconde moitié du siècle précédent.

La Révolution changea-t-elle cet ordre de choses ? Je suis
tenté d'en douter, si je m'en rapporte à un second document
émanant aussi de la même municipalité, mais daté de 1815.
Je copie textuellement :

19. Costume de bain
à Blankenberghe en 1750.

« Le maire de la commune de Blankenberghe, voulant
« prévenir le scandale et les attentats aux mœurs causés par
« des individus qui fréquentent les bains de mer pendant la
« saison d'été sur le territoire de cette commune ;
          « Vu, etc...
« Considérant qu'il importe à la conservation des bonnes
« mœurs, pour les paisibles habitants de cette commune,
« de prendre des mesures efficaces pour empêcher les faits
« qui blessent la pudeur et qui ne sont que trop souvent

« répétés par les étrangers dans le temps des bains de mer ;

« Arrête :

« ARTICLE PREMIER. — **A** dater de ce jour, personne, ni
« homme ni femme ne pourra se baigner dans la mer sans
« que les nudités soient convenablement couvertes ; c'est-
« à-dire que les hommes se revêtiront d'une culotte, panta-
« lon ou caleçon et les femmes d'une chemise en laine ou
« d'une jaquette et jupon ou soit de tout autre vêtement ;

« ART. 2. — Ceux qui contreviendraient aux dispositions
« de l'article 1er précité, seront arrêtés et conduits devant
« nous (le document ne dit pas dans quel costume), pour être
« poursuivis et punis conformément aux articles 8 et 9 du
« titre 2 de la loi précitée ;

« ART. 3. — La maréchaussée et le garde champêtre de
« cette commune sont spécialement chargés d'arrêter les
« contrevenants, etc., etc. »

Ces citations, que j'ai lues et transcrites, étendu sur le
sable de Blankenberghe, à l'heure même du bain, m'ont paru
jeter un jour très vif sur les habitudes pastorales qui floris-
saient à Blankenberghe pendant les premières années de ce
siècle. Tout ce que j'avais sous les yeux, en recopiant ces deux
documents, les cabines, les costumes, les chalets indispensables, les tentes-abri, le service de sauvetage, m'a conduit à
reconnaître que la pudeur et l'hygiène publique y sont singu-
lièrement en progrès.

Les mœurs en sont-elles meilleures ? Question controversée
et qui peut être jugée en sens divers. En tout cas, l'organisa-
tion des bains actuels mesure toute la distance parcourue par
le *cant* des colonies nouvelles. La presse et les chemins de
fer aidant, la grève déserte de 1750 est devenue l'une des
plus grandes, sinon la plus grande plage de l'Europe. L'aspect
de ses innombrables cabines rangées sur une longueur de près
de deux kilomètres offre un panorama féerique beaucoup plus
intéressant dans son ensemble que celui d'Ostende. A l'heure
des bains et des promenades, les rues principales sont

superbes d'animation. Devant les hôtels, s'étalent à profusion de superbes menus ; c'est un véritable encombrement. La ville s'étend sans limites. Le sable a. reculé devant la pierre à bâtir. La haute société financière européenne, les grands banquiers Hollandais, Belges, Allemands, Anglais, le monde israélite principalement, se disputent des installations princières. Les hôtels y sont solennels comme des palais et les villas étincelantes comme des chapelles ardentes.

Vie curieuse, au surplus ; variété d'aspects, suivant la température, l'état de la mer, l'heure du jour. Existence sans cesse diverse, mais sans aucune de ces agitations qui, à certains jours, emportent, comme dans une nuit de Walpurgis, le monde enfiévré d'Ostende.

Ne serait-il pas curieux pour un touriste de noter ses impressions aux divers instants de la journée, d'esquisser, en face de ce monde qui change à chaque instant, les différentes allures de la petite ville : en haut sur la digue, en bas dans les rues des pêcheurs, sur le port, au casino, un peu partout ?

En tenterai-je l'essai ? En tous cas, point un jour de bain, où les après-midi sont léthargiques.

MÊLÉE DU BAIN

Onze heures et demie. — La marée bat son plein. D'énormes vagues rousses meurent sur le sable qu'elles couvrent de guipures blanches. De l'estacade au Pier, bruit un immense remue-ménage, un tohu-bohu sans nom de cris, de courses, d'appels, de glapissements inarticulés ! — Jeanne ? ton costume ! — Kette, take your sherry ! — Fritz ! aus ! — Georges ! à l'eau ! Aie soin de plonger en entrant !...

A gauche, une cabine s'entr'ouvre, une tête blonde exquise paraît : — Maman ! on m'a pris mon soulier ! — C'est, bien sûr, ton frère ! — Henry ! Henry ! où est Henry ? — Henry, dans l'eau jusqu'aux épaules, plonge et disparaît dès qu'il entend son nom. Polisson d'enfant !

A droite, c'est aux baigneuses qu'on s'en prend : Marie ! ma ceinture ? — Charlotte ! mon bonnet ? — Virginie ! une serviette ? — Constance ! mon bain de pied ? — Une chaise, Catherine ! — Stéphanie ! un tire-bouton ?...

Et Marie, Charlotte, Virgine, Constance, Catherine, Stéphanie, hâlées sous leurs larges chapeaux, jambes nues, bras nus, volent de cabine en cabine, ouvrent les portes, torchonnent les planchers, recueillent les costumes, portent des chaises aux grands-mères, qui, les yeux obstinément fixés sur la barque de sauvetage, poussent des cris d'assassinées chaque fois qu'un panache d'écume vient balayer les fronts des rondes joyeuses...

Plus une place à prendre. Les sauveteurs cornent, les barquettes roulent, les ânes trottent. Les cabines elles-mêmes, poussées par de vigoureuses gaillardes, prennent part à cette

attrayante confusion des hommes et des choses. Chacune, à
son tour, s'ébranle, roule vers la vague, y dépose un

20. Avant le plongeon.

baigneur, le ramène, en reporte un autre et repart, sans repos
ni trève.

Multipliez ces allées et venues par le nombre des cabines ;
aux mille cris de la foule, ajoutez le déchaînement du vent

et le tumulte vague des lames ; imaginez le prestige du ciel bleu, l'enchantement du plein soleil, le rêve fascinant des toilettes, des nœuds, des voiles clairs ; notez l'éblouissement des grands parasols japonais, l'éclat brutal des rayures largement étalées sur le torse des baigneurs et sur les flancs des voitures, le frémissement des tentes, la gaîté des maillots qui flamboient sur les cordes tendues, vous n'aurez encore qu'une idée faible du bruit, du mouvement, de la lumière, de l'étourdissement capiteux qui, pendant une demi-heure font de la plage de Blankenberghe une vision féerique.....

Seuls, graves, malgré cette ivresse, et silencieux, en dépit de ce tumulte, les sauveteurs stationnent ou marquent d'un pas lourd leur promenade, d'un brise-lames à l'autre ; sanglés de cordes, ils vont, les bras derrière le dos, la corne en main, le regard perdu dans la mer. Sur le perpétuel mouvement des vagues, leur silhouette se détache, massive, impassible, brutale, comme la statue du Devoir.

Ce que leurs yeux ne perdent point de vue, c'est cette étrange et mobile mêlée de têtes, de corps, de bras, de dos, de jambes, de tous âges et de tous sexes, qui diaprent la surface de l'eau. Croyez qu'ils sont là, sous la vague, dix-neuf au moins sur vingt qui ne savent pas nager. Des centaines de taches noires, bleues, rouges, grises, englouties une seconde sous l'écume, reparaissent derrière la lame, s'évanouissent encore, plongent, se rapprochent, forment des groupes, des bandes, des rondes. Ils chantent, ils sautent, folâtres comme ces poissons qu'un rayon de soleil fait étinceler sur la crête de l'océan...

Très intéressantes, les nageuses. L'intrépide s'aventure au large. Une barque la suit. Gare aux brise-lames ! La timide, après deux ou trois plongeons, lâche pied, s'arrête, hésite, se rapproche du sable sec et, dès qu'elle le touche, prend une course furibonde vers sa cabine. Elle fuit. *Sed cupit ante videri.*

Curieux, serrez le cercle ! Braquez-vous, lorgnettes ! Et

vous, coquettes, les coudes au corps et ramenez la tête en arrière ! De la mer à la cabine, c'est le passage difficile, la minute des surprises, des désillusions. Prenez garde ! Les artistes passent, les croquis restent. Sortez victorieuses de l'épreuve et, si vous rencontrez Mars ou Guillaume, que leur crayon vous soit léger !

Madame est rentrée. D'un svelte mouvement de hanche, elle a lestement fait tomber son peignoir et fermé sa porte.

Eux, les autres, ceux de la galerie qui l'attendaient, restent une minute béants. Les jeunes émancipés, figés dans leurs vestons clairs, et les vieux chauves, le nez posé sur de gros becs de canne, échangent des regards obliques à travers des monocles. — Tous comiques.

Lui seul — le sauveteur — continue sa promenade lente. — Il n'a rien vu.

21. Le vieux clocheteur du poisson (1890).

COMME ON VENDAIT ENCORE LE POISSON

EN 1890

JE me souviens qu'en 1888, rentrant chez moi, vers
11 heures et demie du matin, j'entendis un gros bruit de
cloche. J'avais cru d'abord au passage du gai Callevaert,
et je m'étais empressé. Grosse erreur. J'avais simplement
heurté un clocheteur d'un autre genre, celui du poisson.
Autant le clocheteur de ville était allègre et réjouissant,
autant celui du poisson était placide, lourd, presque
funèbre.

C'était un vieil usage destiné à disparaître que cette
sonnerie des enchères. Aujourd'hui, on a construit non loin
du port contigu à Wenduyne, une *minque,* c'est-à-dire un
marché aux poissons, sur le modèle de celui d'Ostende. La
cloche indique que les pêcheurs sont rentrés, que le poisson
est déballé et prêt à être vendu. Avis aux amateurs.

Avant l'installation de *la minque,* qui ne date que de quelques années, on vendait le poisson d'une manière beaucoup
plus sommaire.

Jean d'Ardenne en a retracé en 1874 quelques traits qui
méritent citation :

« On crie, dit-il, le poisson, au pied de l'escalier, sous le
Belvédère de l'ouest, sans façon : à la rentrée des bateaux,
les paniers se vident sur le trottoir, l'adjudication est faite,
chacun emporte son tas. Quelques minutes, et tout est
balayé, disparaît ; acheteurs, vendeurs, marchandises, il ne
reste plus trace de l'opération.

« Deux personnages mènent l'affaire : le crieur et le greffier.
L'un gros, rougeaud, majestueux, carré, soufflant comme

un phoque, le ventre proéminent, en bras de chemise et les mains dans les poches d'un pantalon épique, à bretelles, trop court du bas, outrageusement tiré du haut, jusqu'au creux de l'estomac, par ses damnées bretelles. L'autre pareil à un sacristain de village, maigre et jaune, taillé en croissant de lune, la tête basse, d'allures glissantes et effacées, la plume à l'oreille, des registres sous le bras. Ce corps et cette ombre se complètent merveilleusement. Le corps s'agite, va, vient, parle, tousse, crache ; l'ombre écrit, silencieusement.

« Ce qui est fantastique, c'est la manière dont s'accomplissent ces adjudications. Le diable lui-même n'y verrait goutte. J'ai fait des efforts inouïs d'attention pour apprécier le moment psychologique où le vendeur et l'acheteur tombent d'accord. Inutilement. Il y a entre ces personnages une entente qui ne se marque pas en chiffres connus. Cela demande évidemment une initiation, comme les mystères d'Eleusis. Ni parole, ni geste, ni regard. Les yeux restent fixés dans le vide ; le crieur se démène sans regarder son monde — et la marchandise est enlevée.

— Raparaschlam schim zoukmie maeermvlamdrambroum! dit l'homme à bretelles, négligemment, regardant voler les mouches, et en moins de temps qu'il n'en faut pour éternuer. Puis, faisant passer sa chique d'une joue à l'autre :

— P'tt! ajoute-t-il... sur les poissons étalés.

« Cette particule expectorative signifie que le lot est adjugé ; c'est le coup de marteau du commissaire-priseur. Les raies subissent cet outrage avec un calme jamais démenti. Quant aux marchandes, elles se tiennent debout contre la muraille, rangées, impassibles, le visage bronzé, pareilles aux saintes en bois. »

Je me garderai bien de rien ajouter à ce tableau. Il est complet, à cette réserve près que le crieur funèbre de 1888 avait fait place, en 1894, à un crieur obèse et coloré, — celui que j'ai reproduit.

APÉRITIF OU GOUTER SUR MER?

COMME tous les touristes, j'ai mes manies et j'avoue qu'après le bain qui peut se terminer à 11 heures ou midi, pendant l'heure cruelle qui suit la promenade hygiénique recommandée, mon estomac éprouve parfois des tiraillements terribles. J'ajoute que la promenade elle-même, pour peu qu'on s'impose de parcourir toute cette digue de deux kilomètres, appelle forcément un reposoir. Le génie inventif des hôteliers y a très habilement pourvu.

Ce que Blankenberghe possède, à la dernière limite des villas alignées devant la mer, c'est un lieu de charmant attrait qu'on appelle *le Pier*.

Toute cette construction est simple et fait honneur à la Société de Beaume-Marpent qui l'a installée. Reliée à la digue par une demi-lune en maçonnerie de trente-cinq mètres de rayon, elle en est séparée par un grillage muni de tourniquets et de portes qui en défend l'entrée contre les visites gratuites. Elle offre aux habitués l'attraction des aubettes-magasins installés sur le pourtour de l'hémicycle. Au pont, de deux cent vingt mètres de longueur et de neuf mètres largeur, sont adjoints vingt-deux encorbellements, de un mètre environ de de saillie. Chacun de ces balcons est garni d'un banc pour les curieux. Cette jetée métallique est un pèlerinage quotidien pour les touristes. A l'extrémité, la rotonde-restaurant.

Au centre du balcon, s'élève un kiosque à musique.

Aucun accident à redouter. La charpente de dix-sept travées repose sur des palées de six pieux, à vis en fonte, solidement entrecroisées et distantes, d'axe en axe, de quatre mètres. Rien à craindre des ouragans.

L'installation est charmante pour les dîneurs, et l'agencement des cuisines mérite même, comme celle des planchers de pêche, une attention toute particulière des amateurs de poissons. Entre les pilotis, on distingue le mouvement et l'on entend le clapotement des vagues. On se croirait dans un steamer. C'est une excursion sur l'océan, moins le roulis.

Combien de fois n'ai-je pas pris pour but de ma « réaction » ce joli belvéder marin où tout se groupe pour offrir les séductions de l'odorat, des yeux, de l'estomac? Depuis le 1er juin jusqu'au 30 septembre, c'est là qu'on peut aller prendre un apéritif — et j'ajouterai, sans avoir l'intention de faire une réclame à ce curieux établissement, que, quand on le peut, on le doit. C'est véritablement l'une des moins banales curiosités de la digue.

Qu'on s'imagine, au bout de la longue et légère passerelle en fer suspendue sur les vagues, une large rotonde polygonale solidement couverte et qui permet d'aller, jusqu'à quatre cents mètres d'avancée en plein océan, se délecter d'huîtres et de moules, déjeuner, dîner ou goûter à son heure, boire une bière parfaite, et, ce qui est une perfection dans la perfection, entendre soit à trois heures de l'après-midi, soit à huit heures du soir, les fantaisies d'un excellent orchestre.

Et tout cela, sans cesser un instant de suivre des yeux le grand tumulte du vent et des vagues, tout en savourant à petites gorgées le *Franziskanerbrau* ou le Bock de la Soye, dont l'établissement a le monopole. Oh! les bonnes lippées qu'on fait aux balcons du Pier! Ah! les jolies danses qu'on y écoute; les jolies toilettes qu'on y rencontre; les jolis navires qu'on y voit passer!

J'avoue que je m'y suis souvent oublié. L'odeur des varechs et la gaîté des crevettes roses est un excitant terrible, à 200 mètres de distance du perré.

22. Le Pier, à 11 heures et demie.

ZÉNITH

Midi et demi. — Taine, dans son volume sur « La vie et les opinions de M. Frédéric-Thomas Graindorge », compare le spectacle d'une foule, vue d'en haut, à celui d'un sirop qui s'épaissit par la cuisson et se liquéfie par le refroidissement. Epaissie vers midi, la foule des baigneurs se liquéfie vers midi et demi. Les uns cherchent sur l'estacade l'air vif nécessaire à leur réaction. D'autres, les rhumatisants, les affaiblis qui redoutent la vague, vont, sous la rotonde du Kursaal ou sous la coupole du Pier, stimuler par un apéritif leur appétit indolent. Les belles frissonnantes y affluent, en quête d'un cordial. Au centre de la ville, les rues reprennent une animation momentanée. On rentre lestement à l'hôtel faire un bout de toilette. On répare les ravages du bain. Un nœud ici, une épingle là, une fleur dans les cheveux : presque rien. « Sonnez ! » ces dames sont prêtes. C'est le dîner.

Une heure. — Le carillon enragé des hôtels a éclaté par tous les points de la vieille ville et dans tous les tons, sur toutes les notes à la fois. Le plastron des maîtres d'hôtels resplendit sur les seuils. Les affamés descendent par les escaliers. Les patients s'arrêtent un instant dans les couloirs, causent et se décident à rentrer. Les chaises se garnissent lentement. Les nouveaux venus, les étrangers de passage, talonnés par l'heure du train, pestent contre les pensionnaires, contre les habitués toujours en retard d'un quart d'heure. Au dehors, les allées et venues se sont apaisées. Le vide se fait de plus en plus sur les trottoirs. C'est l'heure où les agents de ville, inaperçus, vont pouvoir s'extasier à

23. La rue de l'Église, à midi.

leur aise devant les magasins de photographies, et savourer les élégantes crudités de Van Beers peintes sur de larges coquilles de nacre.

Une heure et demie. — La marée descend ; le vent commence à faiblir. Le soleil darde à plomb sur le sable. Les sauveteurs veulent dormir, dans les coins d'ombre, entre deux cabines. Quelques gamins hâlés tordent encore des maillots trempés, qui sècheront tout à l'heure pour le bain prochain. La plage est nue. A peine çà et là, à droite, à gauche, de loin en loin dans la mer, de très timides, des vieilles, des étrangers, des prêtres, des infirmes interrogent la lame, soutenus par des baigneurs ; des domestiques, des femmes de chambre s'interpellent. Après le bain des maîtres, hésitations de cliniques et gaîtés d'antichambres.

LA DANSE DES VENTRES

LE ciel est uni, immobile. Très au loin, deux chaloupes entr'ouvrent leurs ailes à peine visibles. Les voiles claires d'un trois-mâts s'étalent fièrement dans la buée rousse du large. Du côté d'Ostende, les fumées de quelques steamers s'évanouissent sur l'horizon, en de longs fils échevelés.

Après la fièvre et la cohue, c'est le vide, le silence dans l'espace infini.

La vie a reflué vers les villas, vers les salles gigantesques des pensions et des hôtels.

Derrière les devantures, scintille tout un monde de fleurs, de fruits, de cristaux, d'orfèvreries. Des kyrielles de convives s'alignent en longues files. Les serveurs se multiplient, placent les nouveaux venus. Au dehors, se dresse l'appareil perfide des tables blanches, des chaises blanches, des nappes blanches, à l'ombre des grands stores blancs. Troublante séduction pour les affamés, pour la clientèle de passage. Qui n'aime dîner de compagnie avec l'Océan ?

A midi, pas une place libre sur les terrasses.

Au dernier tintement de la cloche, le branle-bas commence. Verres, assiettes, bouteilles, plats à la carte et plats

du jour, paraissent et disparaissent. Sommeliers et garçons
sont sur les dents : — Paul, un biffteck nature ! — Charles,
une demi-pale-ale ! — Joseph, deux lièvres aux pruneaux ! —
Fritz, du poulet à la compote de poires ! — Du pain ! — Une
douzaine d'huîtres ! — Une chope de Faro !

24. Les Restaurants, à une heure, sur la digue.

On peste, on jure, on se jette sur les serveurs, on les déva-
lise. La faim justifie les moyens. On veut tout et partout à la
fois. Pendant deux heures, les rôtis succèdent aux entrées,
les desserts aux rôtis, les services aux services. Les garçons,
effarés, écoutent, répondent, s'engloutissent dans les sous-
sols, s'évanouissent dans les trappes des offices, reparaissent
avec de longs pains sous chaque bras et des montagnes de
victuailles échafaudées jusqu'à leur menton, puis disparaissent encore. On dirait une scène des Hanlon-Lee. Cent fois
ils vont et reviennent, sans satisfaire ces gloutonneries féroces,
aiguisées par l'atmosphère excitante du large.

La première faim assouvie, on peut lever le nez de son
assiette et regarder.

Curieux assemblage de types que celui de tous ces dévoreurs nomades, impatients dans tous les idiomes !

Les Anglais, musclés, moulés comme des clowns dans des maillots à carreaux, les Hollandais, obèses, flegmatiques et malins ; les Français, bons enfants et sans gêne, très gênés du prix du vin ; les Belges, bien accueillants ; les Allemands flaves et méthodiques : ils sont tous là, côte à côte, coalisés contre les serveurs, dans ces Babels du ventre, où ils gardent, malgré tout, leurs allures et leurs préférences culinaires : deux traditions de terroir natal, qui ne s'effacent jamais.

J'ai vu trois Anglais qui n'avaient point parlé pendant une heure, pousser tout d'un coup un gloussement formidable et s'arrêter de rire subitement, sans apparente raison. Le plus âgé avait accaparé une sole frite qui m'était destinée. Bien anglais, le rire. Plus anglais encore, l'accaparement.

A côté de moi, trois Français, libres de langage comme des voyageurs de commerce, offraient à deux Belges placides de reconnaître le mérite des pommes de terre de la Campine si ceux-ci voulaient, en retour, admettre celui du suffrage universel. Les Belges — très avisés — demandaient à réfléchir et mangeaient les pommes, — en attendant, savez-vous ?

En face, deux fiancés de Leipzig dévoraient du gigot aux confitures. Très doux, ils entrelaçaient gracieusement leurs petits doigts après chaque plat, se lâchaient pendant le plat suivant et se renouaient, le plat fini, sans parler.

Et, pendant tout le repas, une Italienne en costume — un modèle de Bruxelles — a moulu dans une grande armoire à roulettes, un thème invariable. *O casta Diva* — avec trémolo obligé et roulement téléphonique de triangle.

UN ANCIEN PUBLICATEUR

Avez-vous connu Callewaert ? — Non, n'est-ce pas ? Je ne parle pas, bien entendu, du chef socialiste. Celui-là est tout autre que le Callewaert de Blankenberghe qui fut bossu, mais point un bossu ordinaire et, en outre, « publicateur de Ville », fonction point banale. Il demeurait rue Vanderstchelen. La signature qu'il voulut bien ajouter au croquis rapide de sa personne en double la valeur, aujourd'hui qu'il est mort. Sous son costume officiel, sur lequel brillait une énorme chaîne de montre, il avait, il y a dix ans, fort grand air de bossu.

Ce qu'il faisait ? Il *publiait* ; c'est-à-dire qu'il annonçait les arrêtés, les décisions de l'autorité, les ventes, les programmes de fête. Il portait des journaux, servait de guide et d'intermédiaire à tous. S'il ne parcourait pas dix fois la digue en un jour, il ne la parcourait pas une. C'était l'obligeance et l'activité faites homme ; et, comme il était né malin, il ajoutait à tous ses boniments légaux et obligatoires une foule de saillies critiques qui avaient rendu son esprit — un esprit tout local — très populaire à Blankenberghe.

Aussi était-il l'enfant gâté des habitués. Dans tous les cafés où il entrait, il s'annonçait lui-même avec sa cloche ; et, tout aussitôt, les oisifs, les femmes, les pêcheurs, les enfants faisaient cercle et restaient béants autour de lui. Le fait est qu'il avait toujours quelque drôlerie nouvelle à leur raconter. La malice étincelait dans son œil, et son long nez ajoutait à sa petite taille un air de gravité comique dont il usait à merveille pour bien tenir son rôle. Il était attaché à Blankenberghe comme Blankenberghe l'était à lui. C'était

26. L'ancien publicateur de ville, Callewaert (1888).

un vrai et curieux produit du terroir. Sa physionomie bien connue des anciens habitués de la digue valait quelques lignes et un croquis. C'est fait.

26. Le Casino et la digue, vers midi.

L'HEURE LOURDE

Trois heures. — Les Anglais ont fumé. Les fiancés allemands se sont déliés pour boire. Les Français dorment. Les

27. La sieste.

Belges sont partis. Dans mon coin, je reste seul avec un nouveau venu que je crois un Turc. L'Italienne a roulé son armoire au café suivant. De temps en temps, crépite la sonnerie électrique de son triangle.

Le vide s'est fait peu à peu sous les vérandas. Les vieux digèrent; les jeunes flirtent; les tout petits jouent.

Sans le vent frais de la haute mer, l'atmosphère serait étouffante. C'est l'instant lourd, indécis, vague de la journée. Beaucoup d'Allemands voisinent. Dans plusieurs pensions spéciales, des familles se donnent rendez-vous pour prendre le café au lait; réunions intimes où, invariablement, certains se complimentent, en dodelinant de la tête.

28. La digestion.

A l'ombre des cabines, survient l'assoupissement béat sur la broderie commencée. Comme dans la *Belle-au-Bois*, Blankenberghe s'endort, par la malice d'une fée invisible et, d'un bout à l'autre de la plage, sur deux kilomètres de longueur, les causeries s'éteignent insensiblement ; les fronts s'inclinent, les yeux se ferment, les joues s'envermillonnent.

29. Le repos.

Divin sommeil, pendant lequel l'ombre se déplace à l'insu des assoupis. Résultat dans les quarante-huit heures : deux cents coups de soleil !

La mer est loin ; seuls, près du bord, les gais invincibles, les mignons ingénieurs aux jambes cuivrées par le hâle, établissent, dans le sable éblouissant, des courtines et des bastions gigantesques piqués de drapeaux comme des pelotes. Par intervalles, le

30. A marée basse.

Casino transmet au rivage les échos ondoyants d'une valse de Johann Straus ou de Gung'l.

Une caravane d'ânes enrubannés et chargés d'enfants passera tout à l'heure, sourdement, sur la plage, sans éveiller les dormeurs dont la tête continuera à battre inconsciemment la mesure du *Beau Danube bleu...*

Sur un banc, deux vieux pêcheurs, assis, immobiles, interrogent l'horizon, écrasés par le soleil.

31. Le roman.

SOMNOLENCE

Cinq heures. — Je remonte sur la digue. Quelle est donc cette jeune Anglaise qui vient de laisser glisser le livre interrompu, et reste gracieusement accoudée sur la rampe de sa villa, le regard noyé dans l'infini. A qui rêve-t-elle ?...

Sa vue me rappelle l'une des plus troublantes apparitions de ces plages, une indienne, Miss Aïda H***, au profil le plus ferme et le plus fin. Tout en elle concourait au charme sans coquetterie. Elle se savait jeune et belle. Elle n'en tirait point vanité. Elle était née à Calcutta. Son teint olivâtre, sa chevelure d'un noir bleu, d'une étonnante profusion, ses longs cils d'une douceur extrême, son élégance svelte, sa maigreur fiévreuse, donnaient à toute sa personne un cachet inoubliable. Elle n'avait rien d'européen. Par l'imprévu de ses mouvements, par l'abandon confiant de sa parole et la naïveté de son accent, elle laissait à ceux qui l'approchaient l'impression d'une prêtresse de l'Indus égarée dans notre vieille Europe.

Je la revois, charmante, à nos réunions intimes. Une longue robe princesse, de flanelle blanche, sans plis, moulait les formes graciles de son buste et les inflexions serpentines de ses épaules, de sa taille, de sa bras ; ses cheveux épandus se déroulaient à flots jusque sur ses hanches, avec des reflets bleuâtres comme ceux de l'acier. Sur sa tête, le casque anglais en flanelle écarlate, à double visière, faisait ressortir le bronze mat et chaud de son teint, la profondeur de ses yeux, l'éclat sombre de ses prunelles.

Elle se livrait à la mer avec des abandons d'enfant, les bras morts, les yeux noyés dans la clarté vague du ciel.

32. Somnolenco.

L'après-midi, en attendant que la valse l'emportât le soir, elle restait anéantie, la pensée flottante au hasard des nuages, suivant, dans une réserve muette, le jeu des irrisations de la vague, la fumée évanouie des steamers. Un dimanche, elle s'assit sur la terrasse, immobile, une heure durant, la paupière inclinée, sur un livre qu'elle ne lisait point. Ses doigts maigres, d'asiatique, ne tournaient point les feuillets. Où était sa tête ? Où était son cœur ? Qui pourrait le dire ? Au-delà de l'Océan, sans doute ; car elle était fiancée à un riche Anglais.

En la regardant, je songeais à ces vers de Vicaire :

Elle lisait ; soudain le murmure des vagues
Qui baisent, en mourant, la grève au sable d'or,
A frappé son oreille, et, de ses chansons vagues,
Bercé discrètement son âme qui s'endort.

Elle lisait ; elle a jeté son livre à terre,
Pour suivre dans l'azur un rêve décevant.
Sur sa chaise accoudée, inerte et solitaire,
Elle laisse son âme errer au gré du vent.

Et sa pensée, aussi légère que la brise
Qui fait en replis noirs onduler ses cheveux,
A travers le ciel bleu que le soleil irrise,
Cherche dans l'infini quelques touchants aveux.

Car ce n'est pas la mer immobile et profonde
Qu'elle contemple ainsi bleuissant au soleil ;
Mais elle songe au temps où tous deux, loin du monde,
Côte à côte ils marchaient sur le sable vermeil.

Elle songe aux baisers qu'il prenait sur ses lèvres,
Si rouges autrefois, si pâles aujourd'hui,
A ces heures d'amour exquises, à ces fièvres,
Au passé sans retour, à son exil, à lui.

SOIRÉE FRAICHE

Cinq heures. — Le soleil est descendu lentement, large et rouge, dans un amas de nuages violacés. Les digestions sont terminées. La digue regorge de monde. C'est l'heure favorite du *lawn-tennis* et du *crocket*, où les couples se dérobent à l'œil des mères pour causer longtemps, appuyés sur leurs maillets, dans des poses embarrassées, confuses. Les jeunes marcheurs sont revenus fatigués, de Bruges, de Heyst, d'Ostende. Un grand apaisement s'est fait dans l'air, dans les maisons et dans les groupes. On se promène par longues bandes et gravement. Quelques-uns sont allés à la rencontre du tramway qui longe le port et ramènera des compagnies d'excursionnistes appesantis. C'est un assaut de questions. La première curiosité satisfaite, on est revenu vers la digue ; d'autres ont reconduit au chemin de fer les amis d'Ostende, qui sont venus passer un jour à Blankenberghe.

Pour atteindre 7 heures, on tue le temps, on fume, on cause, on descend jusqu'aux limites de la grande plage nue.

Au fond, à gauche, l'estacade se détache sur l'horizon de feu comme le squelette d'un cétacé gigantesque échoué sur le sable et rongé par la tempête.

33. Soirée fraîche, sur la plage.

Le soleil empourpre de ses dernières lueurs la ligne interminable des villas. L'ocre des grands murs éclate sur le bleu sourd du ciel. Par instants, je crois voir un village de la côte méditerranéenne. Si les maisons s'étageaient en gradins, l'illusion serait complète.

7 heures. — La vie s'éteint peu à peu, les hôtels s'allument. Sur la digue, les bougies Jablockof projettent des lueurs fantastiques. Le Kursaal s'illumine. Dans la grande salle, les marines préhistoriques de Verhagen, peintes à fresque sur les vastes tympans, semblent un monde inconnu de divinités qui s'éveillent. Au dehors, la fraîcheur est exquise. Le vent est tombé. Le bruit de la lame s'entend à peine au loin, très doux et très faible. La longue promenade est déserte. Je rentre souper et note, en longeant les rez-de-chaussée, l'entrain illuminé des baigneurs. Dans la grande rue de l'Eglise, les devantures resplendissent; les arcs électriques se brisent en irrisations crues sur les gros coquillages de nacre. Dans les salles à manger, une chaude gaîté circule. Les étrangers, les inconnus d'Ostende sont partis. On se retrouve entre habitués et l'on s'épanche. Le repas est d'ailleurs moins long ; on a hâte de respirer l'air du soir. Les jeunes filles ont déjà devancé leurs mères. Elles s'attardent devant les magasins. Autant de bijouteries, de maisons de mode, de photo-

24. L'intérieur du Casino. — 35. La vieille église de Blankenberghe. — 36. Le chenal.

graphies, de bibelots — invariablement les mêmes dans toutes les stations de bains de mer ; — autant de temps d'arrêts et de causeries, — autant de reposoirs.

9 heures. — Vue splendide. Les groupes éclairés par les lampes incandescentes animent la digue sur une longueur de plus de cinq cents mètres à partir de la rue de l'Eglise. J'entre un instant avec la foule, au Casino, où j'entends l'ouverture de *Poète et Paysan*, un peu banale — savez-vous ! Je parcours distraitement le magnifique hémicycle, les superbes salons de conversation, de jeu, de billard, où je trouve un ancien et bien aimable directeur, M. Konkelberghe, qui a fait jadis merveille et vit aujourd'hui dans le recueillement d'une superbe bibliothèque. Enfin, me voilà dans la grande salle. — Monsieur danse-t-il ? me demande subitement un jeune commissaire attaché à un énorme gardenia. — Veuillez m'excuser, monsieur, hélas ! je ne danse plus ! Et je me sauve précipitamment. J'avais oublié qu'à Blankenberghe, c'est soirée dansante au Casino tous les jours, et grand bal tous les samedis, grâce à l'intrépide directeur actuel, M. Delooze.

Au dehors, sous la véranda circulaire, je fume à mon aise d'excellents havanes fort doux et bien moins chers qu'en France ; et je vois défiler, dans une demi-somnolence, toutes les notes de cette journée. J'assiste à un ressouvenir de mes impressions : le réveil exquis des villas, la cohue des bains, l'engloutissement des tables d'hôte. Je revois, dans un nuage, mon Anglais à la sole frite, les deux fiancés allemands unis par le petit doigt, les longues caravanes d'ânes, le lawn-tennis, sous les yeux fermés des grand'mères assoupies...

Au dedans, les cordes, à l'unisson, préludent aux premières mesures d'une valse superbe de Strauss. Les danseurs se groupent : O *primavera della gioventù !*

Je rentre, pour n'avoir pas de tentation. Je serais encore là sur les quatre heures du matin ; et le docteur m'a dit : « Soyez sage ! »

" VIERMAST " ET SÉMAPHORE

J E me suis borné, pour terminer ici mes notes sur la ville,
à faire une promenade matinale, le long du port, dont
j'ai déjà fait le croquis, à l'époque où le Parc, voisin du
Bassin, n'était pas encore créé. Tel qu'il était, je l'ai maintenu, à titre de souvenir.

Et, chemin faisant, en passant devant le sémaphore, aujourd'hui brillant, à l'entrée de l'estacade, je me suis demandé
si cette construction n'était point l'image de la ville même
qu'elle protège contre les catastrophes maritimes.

Qui songe aujourd'hui au fameux «viermast» du xv⁰ siècle,
poteau mal équarri, mal consolidé verticalement par des
moellons, des pilotis et des chaînes, au haut duquel se
balançait chaque soir, dans une lanterne à quatre faces, la
mèche de chanvre d'une malheureuse lampe en terre cuite
soutenue par quatre fils de fer ? Singulier appareil préventif
qu'un mousse agile allait allumer en grimpant, au risque
d'y laisser sa vie à marée haute! Il fallut que la lampe fût
volée, une belle nuit de 1463, pour qu'on y substituât un falot
mobile au bout d'une corde. Les habitants de Wenduyne,
soupçonnés du vol, payèrent la moitié de la nouvelle installation. Et combien d'années les choses durèrent-elles ainsi ?
Jusqu'à ce qu'on fit un sémaphore en maçonnerie.

Quelle distance nous sépare de ces temps étranges ! Nous
pouvons le mesurer en passant devant le phare actuel haut
de plus de 16 mètres et surgissant de 22 mètres au-dessus
de la mer, avec ses feux blancs intermittents à plus de douze

37. Lever de soleil sur le Bassin du port.

milles, qui permettent, avec les feux flottants du Wandelaar et du Weelingen, l'accès assuré vers la passe d'entrée de l'Escaut.

Ce monument m'amène à l'entrée du joli Bassin de refuge que j'ai voulu voir avant de quitter la ville et d'aller visiter les travaux maritimes dont je parlerai plus loin.

A six heures du matin, par un soleil timide et doux, j'ai quitté l'estacade, en longeant le port. Promenade charmante, à marée basse. Tous les bateaux rentrés font sécher leurs filets. Le dos des villas apparaît à travers les mâts, les voiles, les cordages : Les pêcheurs lavent leurs barques, réparent leurs avaries. Les murs des maisons forment, aux agrès des chaloupes, un fond crémeux, baigné par les lueurs matinales, sur lesquels les vergues, les cordes et les poulies se coupent et se croisent, comme une forêt, l'hiver, où des nids abandonnés restent encore suspendus. Les pavillons ondulent au vent, tous parallèles. Sur le quai, tout un monde de mousses et de pêcheurs. Partout, des filets, des paniers, des cordes.

Au fond du bassin tranquille, les barquettes, les petits vapeurs de plaisance reposent placidement sur le sable, en attendant la marée haute.

Arrêté sur le bord du bassin, j'ai contemplé longtemps cette scène paisible ; j'ai même cherché à traduire exactement dans un croquis, l'heureuse disposition de ce tableau, plus saisissant encore par l'harmonie claire de ses tons divers que par la simplicité douce de ses lignes. Aurai-je réussi ?

Je regrette de ne pouvoir y joindre le joli square et le kiosque à musique établi depuis, tout à côté de ce port, et qui en charmeront l'aspect quand les arbres auront grandi, quand les parterres se seront couverts de fleurs...

Pour aujourd'hui, toute mon attention est tournée vers la flottille.

PRESSENTIMENTS ET REGRETS

Sur le bord d'un des gros bateaux de pêche, une fillette assise se reposait, tenant en main un panier à poissons. Je l'ai dessinée. Étonnant contraste. Sa grâce délicate et svelte ressortait plus nettement sur le lourd engin de pêche. J'ai regretté de trouver dans sa figure je ne sais quel inquiétant reflet de nos villes. Au contact de nos habitudes mondaines, les populations de Blankenberghe perdraient-elles peu à peu leur robuste allure de terroir? Allons! jeune fille, point de ces mèches folles sur le front. Retrousse ces blonds cheveux et livre tes joues roses à l'âpre vent de la mer. Mieux vaut le hâle de la tempête sur ton front que la pernicieuse atmosphère de nos bars. Fi des discoureurs à vestons clairs! Épouse quelque gros gars à lourds sabots blancs et à veste de flanelle bleue, pour lequel tu resteras des nuits entières à pleurer et à prier Dieu. Si rude qu'elle soit, la belle vie d'un ménage de pêcheur vaut vieux que les promesses dorées de tous les papillons de nuit qui te parleront bas, le soir, à l'oreille...

. . . .

J'ai rencontré cette après-midi la fillette que j'avais dessinée jeudi dernier, assise sur le bord d'une chaloupe de pêche. Aujourd'hui, elle vendait des fleurs aux gais baigneurs en complets gris-perle; je ne sais quel pressentiment m'a poursuivi toute la journée. J'en ai emporté une impression de tristesse, de regret vague, absurde peut-être... mais persistant comme le cauchemar d'une mauvaise pensée.

Et je me suis, malgré moi, reporté par le souvenir au vieux Blankenberghe d'il y a quarante ans, celui où je courais tout

38. Pressentiment.

gamin, où nous ne connaissions ni gardenias ni bouquetières, où nous nous roulions éperdument du haut en bas de la dune, les jambes en l'air, comme des baudets en gaîté.

39. Regrets.

Oui, certes, le Blankenberghe d'aujourd'hui est superbe, étincelant, merveilleux d'éclat et de mouvement. Je l'admire sincèrement.

Je n'en regrette pas moins ma vieille auberge où l'on fumait sa longue pipe tout à l'aise, en bras de chemise, après une belle friture de turbot arrosée de bière blanche de Lessines !

DERNIÈRES PROMENADES

J'AI parcouru tout Blankenberghe où j'ai vécu, principalement, dans ces petites maisons de pêcheurs,
vieillottes de construction, mais meublées au gré des
voyageurs modestes qui craignent le luxe et préfèrent régler
leur vie sur leurs habitudes françaises.

Ceux qui sont curieux de détails sur la vie des pêcheurs
flamands d'Ostende, de Blankenberghe ou de Heyst, les
trouveront dans mon premier volume des *Plages Belges*. Je
n'ai donc plus à en parler ici.

Si je reste encore une journée dans cette ville, c'est pour
y voir, dans l'après-midi du dimanche, le défilé, sur la longue
digue, des Zélandaises aux chemisettes de dentelle, aux
corsages de velours, aux jupons boursouflés de crinolines,
aux coiffures rehaussées de plaques d'or ; peut-être aussi
quelques vieilles Brugeoises en leurs costumes semi-monas-
tiques de béguinage.

Là est la vraie curiosité du pays et non dans l'affluence de
la population cosmopolite qui encombre les hôtels à cinq
étages, chaque jour plus nombreux derrière la digue, où
les chambres se louent de 3 à 15 francs par jour, suivant
la hauteur. Dans quelques années, si cela continue, ces hôtels
auront doublé de prix.

Aussi bien, les distractions banales qui retiennent l'élément
étranger à Blankenberghe sont de celles qui peuvent se

retrouver partout : à Monte-Carlo, à Trouville, à Dieppe, à Dunkerque, à Scheveningue, et dont, sur cette jolie plage, la Société du *Pier* et celle du *Vélodrome* ont la spéciale initiative. N'hésitons pas à le reconnaître, la vraie beauté du pays c'est l'Océan et la Dune ; non les jeux et les bals.

Je suis de ceux qui vont à la mer pour fuir les émotions de la roulette et du trente et quarante. S'il y a quelques solennités locales, processions, retraites aux flambeaux, elles me paraissent autrement curieuses dans les petites villes que dans les grandes. C'est donc à Heyst que j'irai les voir et prendre des notes.

Le beau Kursaal de Blankenberghe, bâti jadis par **M. Malécot**, a sans doute établi une rivalité de distractions avec le Casino. Mais d'autres concerts encore, notamment ceux de l'Hôtel du Rhin, à côté du Kursaal, ne laissent point de trève à l'oisiveté des baigneurs attirés par les costumes des virtuoses hongroises.

De tout cela, résulte un excès de luxe, charmant sans doute, mais goûté seulement par les désœuvrés qui ne sont point artistes et qui aiment l'expansion dans une société toujours variable. A Blankenberghe comme à Ostende, on a créé des merveilles. Or cette profusion de joies mondaines, amène un sourire sur les lèvres de ceux qui ont connu la réunion des étrangers de 1855, à la fameuse salle de l'Hôtel-de-Ville, où l'on était admis pendant huit jours (moyennant un franc reçu par le concierge !) à user « d'un bon piano et de quelques partitions d'opéras, dans une salle parfaitement éclairée. » Ainsi parlait le prospectus de l'époque.

Blankenberghe, en vingt ans, s'est transformé. Grâce au dévouement de ses édiles, la ville est pourvue de belles rues, d'un bon éclairage, d'écoles superbes, de tout ce qui assure l'hygiène, la salubrité physique et morale d'une grande population.

La Ville a même fait plus. Elle a voulu ne rien négliger pour accroître le nombre de ses visiteurs. Les étrangers qui,

en l'année 1852, n'y étaient que 1456, s'élèvent aujourd'hui
à *trente mille*, en ne comptant que ceux qui y ont passé
plus d'une nuit pendant l'année. Les visiteurs annuels sont
plus de deux cent mille ! C'est le plus bel éloge qu'on puisse
faire de l'attrait de cette belle ville. Et, cependant, nous ne
nous lasserons pas de le répéter : les vieux amis de Blankenberghe auront toujours quelque mélancolie au cœur, en voyant
ces continuelles transformations. Déjà, en 1870, un lettré
distingué et passionné citoyen de sa ville natale, M. Bardin,
écrivait, en parlant de cette Cendrillon des plages : « Tu
« voulais un chemin de fer ? Tu l'as eu. Prends garde ! ambi-
« tieuse, enfant gâtée de la destinée ; tout concourt à l'accom-
« plissement de tes vœux : vaste Kursaal où se confondent,
« pour nous séduire, les joies des yeux et le charme des
« oreilles ; chemin de fer, bruyante artère ouverte à la
« circulation des touristes qui t'apporteront, avec la fortune,
« la chaleur et la vie. Que désirer encore ? Puisse minuit ne
« jamais sonner pour toi ! »

Qui sait si, le jour où minuit sonnera, les pêcheurs de
Blankenberghe n'iront point abriter leur barque au prochain
refuge de Heyst ?

Et, ce jour-là peut-être, nous verrons les hommes renou-
veler le drame des petits oiseaux fuyant les dunes pour
chercher, affolés, un refuge tranquille dans les solitudes du
Zwin.

Devançons, dès aujourd'hui, ce triste exode. Sais-je si,
demain, mes prochaines notes et mes dessins sur Heyst et
Knocke auront encore quelque autre raison d'être qu'une
valeur de souvenir ?...

Faisons donc, au moins, une dernière visite, — celle-là,
scientifique — aux nouveaux travaux maritimes, entre Blankenberghe et Heyst. Nous grouperons ensuite ces derniers
croquis pendant qu'il en est temps encore, pour, de Heyst à
l'Escaut, fournir matière à un quatrième volume sur les
derniers refuges de la simplicité flamande.

UN MOT SUR LE PASSÉ

Fig. 40. — C orné.

'EST au sortir de Blankenberghe, entre Bruges et Heyst que commencent les grands travaux de la Belgique, en vue d'une résurrection de la marine commerciale de Bruges anéantie depuis trois siècles.

Vais-je être obligé de modifier l'allure de mes notes? Jusqu'à présent, j'ai pris plaisir à oublier mes travaux habituels, mes recherches historiques, économiques, techniques, sur les questions de commerce, de transports, d'industrie.

J'ai tâché d'écrire surtout pour raviver la mémoire de ceux qui, dans le présent, auront visité les mêmes villes que moi, franchi les mêmes dunes, parcouru les mêmes polders, fréquenté les mêmes hôtels, les mêmes casinos et retenu les mêmes anecdotes.

J'ai donc parlé jusqu'ici du présent pour la distraction du présent lui-même. Mais, au-delà de Blankenberghe, je vais me trouver dans une situation toute différente.

Ce qui mérite attention, dans toute la région de Blankenberghe à Heyst et à l'Ecluse, ce n'est plus le présent; c'est à la fois le passé et l'avenir. Ces plages, ces dunes, ces polders, ces canaux ne sont plus actuellement que les derniers vestiges d'un pays admirable mais disparu, d'une industrie morte, d'une marine évanouie, d'une population qui fut merveilleuse à son heure mais qui est devenue l'ombre d'elle-même, obligée désormais d'emprunter aux cités voisines les éléments de sa prospérité, l'objet de ses industries ruinées. Cette mort anticipée des villes flamandes riveraines de l'océan, c'est l'œuvre du sable, c'est-à-dire l'ensevelissement de débouchés qui, jadis, attiraient dans ces parages les plus grands commerces du monde entier.

Si profond est cet assoupissement des dernières plages belges, qu'il échappe à la plupart des voyageurs préoccupés de leurs seules distractions. Combien peu, parmi les désœuvrés qui fréquentent ces lieux de plaisir, songent à parcourir les pages glorieuses de leur histoire !

A Dieu ne plaise que j'entreprenne ici de faire revivre, en ces médiocres feuillets d'album, le souvenir de fastes militaires dont l'histoire résumée exigerait de nombreux volumes où le nom de *liberté* serait écrit à toutes les pages ! Il me manquerait, pour le faire, du savoir, du temps et du talent, sans compter le reste. J'ajoute que, moins que partout ailleurs, ce serait ici la place.

Mais il est, dans cette profusion de choses mortes, quelques détails à relever. Ceux-là visent exclusivement, d'une part, le passé admirable de ces régions maritimes ; de l'autre, l'avenir très important qu'on veut leur restituer et que des hommes d'une volonté tenace s'efforcent de réaliser. Ces détails, même pour des désœuvrés accidentellement soustraits aux banalités coutumières de l'industrie, du commerce, de l'administration, — surtout pour ceux-là, plus aptes que d'autres à en sentir la gravité, — méritent sinon d'être exposés largement dans ces minuscules volumes, du moins d'y être effleurés, au point de vue historique et technique. Je vais m'y efforcer.

Et c'est parce que ce livre porte, pour les lecteurs jeunes ou vieux, le titre de *Plages flamandes* que je ne crois pas, ayant tenté de dire ce que sont ces plages aujourd'hui, pouvoir me dispenser de rappeler en quelques mots ce qu'elles ont été autrefois, ce qu'elles seront demain. Réveils de souvenirs, de notes, de schema techniques. Quelques feuillets, et ce sera tout.

DE BLANKENBERGHE A HEYST

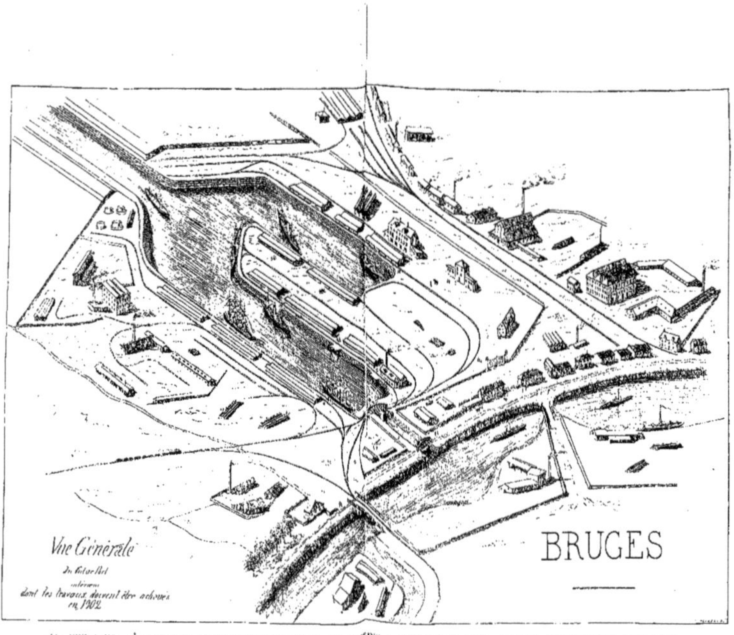

41. VUE A VOL D'OISEAU DES TRAVAUX EN COURS POUR LES BASSINS A TERMINER EN 1902, DANS LE NOUVEAU PORT DE BRUGES.

LES INDUSTRIES BRUGEOISES.
LEUR PROGRÈS JUSQU'A LOUIS XIV.
RAISONS DE LEUR DÉCADENCE

On s'imagine difficilement aujourd'hui ce que pouvait être la Flandre occidentale de Belgique, à l'époque où les villes de Bruges, Ostende, Furnes, Ypres, Courtrai, Dixmude, n'étaient encore que de simples bourgades, où l'Escaut proprement dit n'existait qu'à peine dans toute la partie occidentale appelée « Hond ». La Flandre, aux premiers siècles de son histoire, est longtemps restée ensevelie sous un ensemble de forêts, de landes et de marécages, d'où les maladies pestilentielles et les inondations périodiques de la mer éloignaient toute tentative de civilisation.

La résistance des Nerviens à César, leur alliance avec les Francs pour la conquête de la Gaule attestent les qualités, militaires plutôt que commerciales et maritimes, des populations qui s'établissaient sur ces côtes. Au IIIe siècle, Bruges, connu sous le nom de *Brugh*, n'était encore qu'un château. Ses historiens, en faisant remonter son nom au mot *Bruggin* (qui, en flamand, veut dire pont), marquent qu'à cette époque déjà on avait assuré ses relations avec le continent et maintenu l'accès de la mer jusque sous les murs de la ville.

C'est au VIIe siècle seulement, en 650, que le nom de Flandre, *Municipium Flandrense,* fut, pour la première fois, attribué à Bruges, aux parties basses et aux côtes qui les avoisinent. Jusqu'à cette date, l'histoire incertaine du pays nervien n'est qu'une succession de légendes plus ou moins merveilleuses, dont le théâtre se déplace à chaque inondation. C'est, à proprement parler, une région de pénitence, où Charlemagne ne craint pas d'envoyer plusieurs milliers de Saxons pour les punir de leurs continuelles révoltes, anticipant ainsi sur le régime de la relégation française en Nouvelle-Calédonie.

Ce n'est guère qu'au ixᵉ siècle, pendant les 236 ans du gouvernement des Beaudoin, que l'on voit naître et se développer l'importance maritime de Bruges, dont le port est cité comme le plus important d'Europe. Son régime commercial était organisé déjà quand les Normands, les Slaves et les Wendes dévastèrent la ville de Hambourg, en 983 et 1012. Au xᵉ siècle, Bruges obtint l'*étape*, c'est-à-dire le monopole de la vente des draps, et son marché devint le siège de foires où, dans des rendez-vous réglés à l'avance, les marchands internationaux échangeaient périodiquement leurs produits.

Son entrepôt, créé au xiiᵉ siècle, vit affluer du Nord de l'Allemagne les peaux et céréales des *Oosterlingen;* d'Angleterre les grains, les épices, les matières textiles, les étoffes; de France, les vins. Tous ces rapports commerciaux ne pouvaient que s'accroître à la suite des Croisades, après que Beaudouin Iᵉʳ eut ceint la couronne de Constantin.

De cette époque, date la fondation des *Hanses* commerciales dont Bruges prit la tête ; des bourses de commerce, dont les premières furent fondées sous son inspiration ; des assurances maritimes, couvrant à la fois, vers le xivᵉ siècle, les risques de mer, d'incendie, de guerre.

Ce développement rapide devait attirer dans les murs de Bruges un nombre considérable d'étrangers et favoriser une prospérité qui s'accrut jusqu'en 1437, sous le règne de Philippe le Bon.

Bruges dut cette prospérité et sa richesse à l'industrie du tissage des laines, des tapisseries, à la taille du diamant; aux avantages de la ligue hanséatique secondant l'entrepôt des productions de l'Italie et de l'Orient.

Cette puissance s'accrut jusqu'à la fin du xivᵉ siècle, et le commencement du xvᵉ la vit seulement diminuer après le règne de Philippe le Bon, c'est-à-dire après 1467.

Ce déclin eut deux causes : d'abord, l'opposition de Bruges
aux desseins politiques du prince, opposition qui rejeta bon
nombre d'étrangers vers Anvers, ville non flamande. Puis,

42. Blankenberghe en l'an 1500, d'après Sanderus.

l'ensablement du port de Bruges, au fur et à mesure qu'Anvers voyait croître ses facilités d'accès à la mer par l'Escaut.

Cette rivalité des deux villes ne pouvait que grandir avec
le temps. C'est en vain que Gand et Bruges essayèrent d'en-
traver la navigation de l'Escaut en construisant un fort près

de Calloo, au Kloppersdyk. Anvers anéantit leurs efforts combinés.

L'opposition de Bruges aux vues politiques du prince, devait hâter la perte de cette ville. On sait que d'importantes libertés lui avaient été accordées pour y attirer les commerçants de la Hanse de Venise, de Gênes et, en général, de toute l'Italie. Par ordre de Maximilien d'Autriche, trois ans après la destruction du fort de Calloo, en 1488, ces libertés furent transférées de Bruges à Anvers.

Avec l'ensablement du port, cette translation fut un coup de grâce pour le port de Bruges.

Toutes les tentatives que fit le haut commerce brugeois, pour rétablir ses communications et son prestige, échouèrent, sans toutefois faire disparaître chez ses habitants la pensée fixe d'un relèvement industriel par la réparation de sa marine.

Le traité de Munster en 1648 devait — près de deux siècles après — réduire également au même niveau la prospérité maritime des trois villes rivales : Gand, Bruges et Anvers.

CE QUE FURENT LES PORTS FLAMANDS

JUSQU'AU XVe SIÈCLE

Le coin de terre dont nous évoquons le souvenir dans ces notes, a vu décroître son importance en face de deux ennemis, l'un politique : le prince Philippe de Bourgogne ; l'autre géographique : l'invasion des canaux par les sables.

C'est cette lente catastrophe qui appelle l'attention des curieux, même de ceux qui sont le plus indifférents aux évolutions des nations. Quand nous aurons brièvement dit ce qu'étaient, dans toute cette magnifique région de Bruges, les choses aujourd'hui disparues, il nous sera plus facile d'exposer ce que seront heureusement demain celles qu'on veut faire reparaître.

Qu'était donc autrefois l'embouchure de l'Escaut ? Qu'étaient Bruges, Damme, l'Ecluse ? Comment ces communications avec l'Océan était-elles nées ? Comment ont-elles cessé d'exister ?...

La Lys, qui se jette aujourd'hui dans l'Escaut, à la hauteur de Gand, après avoir traversé la Flandre française, avait autrefois accès à la mer un peu plus haut que Knocke, dans un vaste estuaire nommé le Zwin, aujourd'hui recouvert par le sable. A l'histoire des ensablements successifs du Zwin, est liée celle de la décadence maritime de Bruges et de Gand.

Le premier accès de Bruges à la mer eut d'abord lieu par la Reyne, ancienne rivière dont l'embouchure existait encore au xe siècle, si tant est qu'on puisse appeler rivière une large baie d'écoulement, née au ve siècle d'une immense inondation de l'Océan sur le territoire flamand. Une seconde inondation au xie siècle détermina, vers la fin du xiie, la construction d'une digue protectrice où vint ultérieurement s'abriter la ville de Damme, à une lieue N.-E. de Bruges, et à distance égale du rivage, qui a fortement avancé depuis.

A cette époque, c'est-à-dire depuis le xiiie siècle, admirablement situé pour servir d'entrepôt à Bruges, Damme put ouvrir également l'accès de la mer aux grands vaisseaux de commerce à destination de Gand. Cet avantage lui demeura acquis tant que put durer le bon entretien du Zwin, vaste estuaire de la Lys, dont les bords allaient en s'élargissant de Gand à Katzand.

. Cette création de Damme ne marque-t-elle pas bien clairement deux étapes dans l'histoire du recul imposé à l'Océan par la progression du rivage flamand? Une première fois, au ve siècle, l'inondation laisse creusée derrière elle une large baie de sables encadrant les eaux de la Reyne jusqu'aux portes de Bruges, où elle forme un port naturel. Pendant six cents ans que dure l'existence de ce port de Bruges, l'accès par la Reyne subsiste, mais diminue de largeur en s'ensablant. Au xie siècle seulement, la deuxième inondation marque une seconde étape en terrifiant le port menacé de Bruges. Une fois les eaux retirées, Bruges, pour mettre désormais ses vaisseaux à l'abri des tempêtes, crée sur les émergements laissés dans la baie par la mer, la digue de *Hondsdam*, autrement dit : « la Digue du Chien ». Ce sera le salut provisoire de Damme.

Hondsdam : d'où vient ce nom étrange? Les sévères historiens y voient simplement un souvenir du plus voisin des bras de l'Escaut, où, même encore aujourd'hui, fréquentent volontiers les chiens de mer ; à ce point qu'un banc de sable, sur les limites du vieil estuaire, a gardé le nom de ces mêmes animaux.

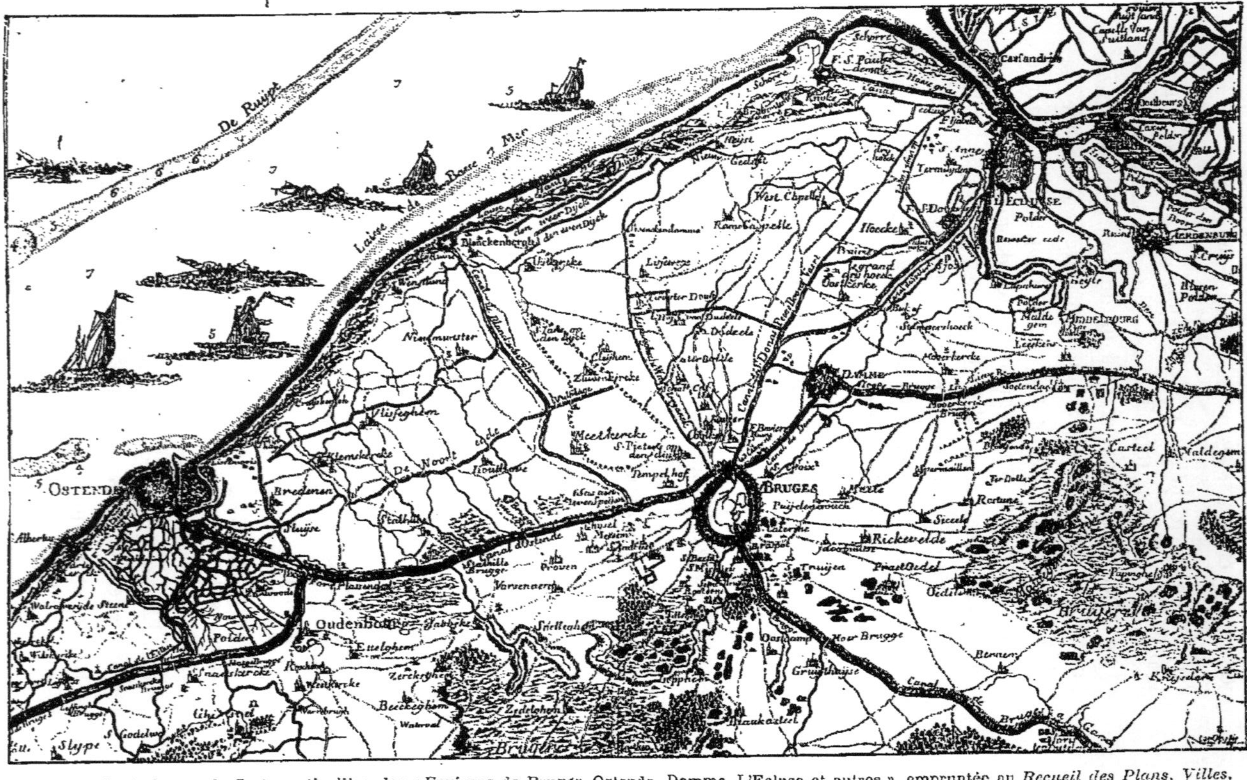

41. Carte extraite de la grande Carte particulière des « Environs de Bruges, Ostende, Damme, L'Ecluse et autres », empruntée au *Recueil des Plans, Villes, Sièges et Batailles données entre les hauts Alliés et la France* (Bruxelles, E. H. Frich, 1712, in-fol., *Scattoir fecit.*)

Les gens du pays préfèrent admettre la version romantique d'un mystérieux chien noir, dont la présence continue sur les travaux, à l'origine des fouilles, était restée suspecte aux terrassiers. Ce témoin inexpliqué ne pouvait être que le

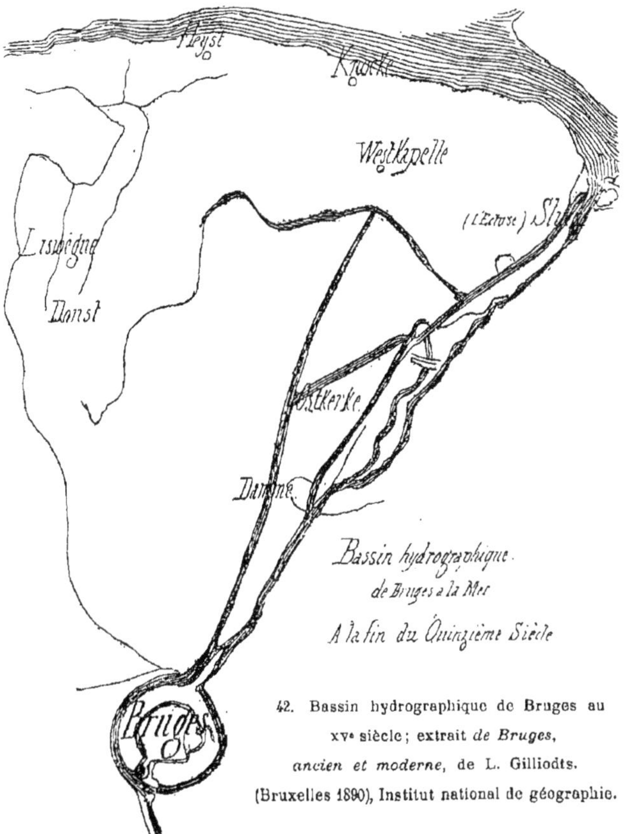

42. Bassin hydrographique de Bruges au xvᵉ siècle; extrait *de Bruges, ancien et moderne*, de L. Gilliodts. (Bruxelles 1890), Institut national de géographie.

Malin, qui se plaisait à détruire, par des inondations fréquentes, tous les efforts des travailleurs. La preuve que cette légende était justifiée, c'est, disent les gens du pays, que le diabolique animal ayant une fois été pris, enchaîné et jeté dans la brèche, les maçonneries purent désormais s'achever tranquillement. La digue d'abord, puis la ville voisine héritèrent du nom du « chien », qui trouva place dans les armoiries de Damme, où il figure encore.

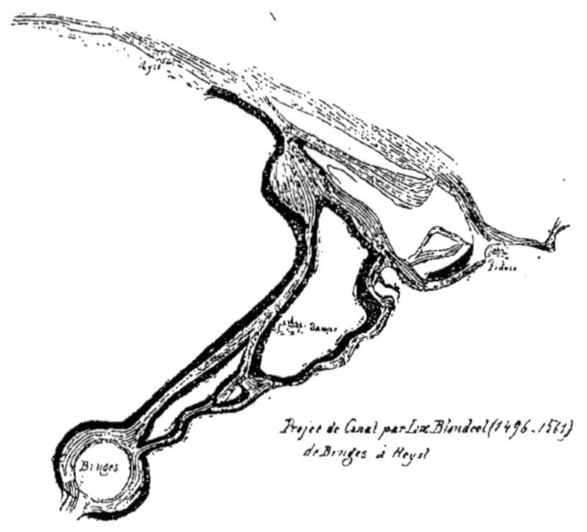

43. Projet d'un port nouveau à la hauteur de Heyst, avec un canal d'embranchement à grande section vers Bruges, par Lancellot Blondeel, vers 1500.

Pendant toute la durée du xII^e siècle, la baie garda, derrière la digue nouvelle, sa presque entière étendue, assurant à la fois, par ses facilités d'accès avec l'Océan, la prospérité de l'Ecluse, d'Ardembourg, de Lapscheure et de Damme. Le barrage allait de Katzand à Bruges. Nos touristes s'imaginent aujourd'hui difficilement l'emplacement exact de ce grand travail, dont la réputation était universelle. C'est à sa résistance connue de l'Europe entière que fait allusion le Dante, au chant xv de *l'Enfer*, lorsqu'en comparant aux digues de Flandre les sables brûlants du septième cercle noyé dans un ruisseau de larmes, il dit à son maître Brunetto Latini :

Quali i Fiamminghi tra Cazzante e Bruggia,
Temendo'l fiotto che inver lor s'avventa,
Fanno lo schermo perche'l mar si fuggia...

« Ainsi les Flamands, entre Katzand et Bruges, redoutant
« le flot qui vers eux s'avance, construisent une digue contre
« les menaces de la mer »...

Cette digue, c'était la « Digue du Chien », le Hondsdam,
dont telle fut la légende, et qui permit à Damme, grâce à sa
sécurité et à l'exemption de plusieurs droits, de servir d'en-
trepôt au port de Bruges, depuis le xiie jusqu'au xive siècle.

Dès le xiie siècle et même un peu avant, le port de Damme
étant créé et en pleine prospérité, commence la troisième
période, celle des ensablements, particulièrement grave non
seulement pour Damme, mais pour d'autres villes et pour
Bruges lui-même, qui, de nos jours en est encore victime.

Ces ensablements atteignirent d'abord toutes les profondeurs de l'amont, dans la baie principale de la Reyne, et
obligèrent les Brugeois au choix d'un autre port plus avancé
que Damme, situé à moitié chemin environ du rivage actuel.
La mer allait reculer et les ports avec elle. L'Ecluse, à deux
lieues plus loin, à l'aval de Damme, offrait un refuge solide.
Un canal fut créé, vers le commencement du xive siècle,
reliant Bruges à l'Ecluse par la porte de Damme, par Dudzeele
et Westkappelle. Cette voie de 22,500 mètres aboutissait à
l'endroit où l'on devait plus tard créer le fort Isabelle. Les
plus gros navires de l'époque, qui jaugeaient alors 500 tonnes,
y avaient accès, ce qui permettait aux plus puissantes flottes
d'y trouver refuge. Au xiiie siècle, notamment, celle de
Philippe-Auguste, forte de 1,700 voiles, y fut vaincue en
1213 par les vaisseaux du roi Jean d'Angleterre, allié du
comte de Flandre, Ferrand, en guerre avec la France. La
revanche sur terre de Philippe entraîna l'incendie de
Damme et du fort y attenant. Mais les Brugeois avaient trop
besoin de leur marine pour en rester là.

Trente ans plus tard, la Ville était reconstruite, les navires
de commerce y trouvaient un nouvel abri, et la flotte de
Philippe le Bel, forte de 1,600 voiles, y revenait prendre
position pour dominer les mers du Nord.

DE 1400 A 1900.
UNE LUTTE DE CINQ SIÈCLES
CONTRE
L'INVASION DES SABLES·

ETTE création relevait temporairement l'empire maritime de Bruges et l'eût assuré politiquement sans la rivalité de Gand. Ce danger s'affirma au moment où les Brugeois voulurent se rattacher à la Flandre centrale et au Hainaut, en créant un canal de dérivation pour relier leurs lignes de navigation à la Lys, vers Deynze, et, par là, à l'Escaut. Les Chaperons blancs de Jacques Arteweld eurent vite fait de dissiper les travailleurs brugeois surpris au village de Saint-Georges. Ce fut le coup de grâce donné à cet intelligent projet. D'un autre côté, malheureusement, l'ensablement poursuivait son œuvre de destruction et d'anéantissement. Il n'allait pas suffire à l'Ecluse d'avoir hérité la prospérité de Damme. Il fallait la conserver. Or, chaque année, on voyait le recul de la mer créer de nouveaux obstacles à l'expansion de la marine flamande. Le xvᵉ siècle, témoin de l'apogée de Bruges, devait marquer sa décadence. Le Zwyn allait de plus en plus devenir une impasse obstruée par des polders et par des monceaux de sables. La route de l'Escaut était barrée par Gand. Bruges pourrait-il, à travers la dune, rétablir sa nouvelle issue vers la mer? Ainsi se posait, il y a déjà quatre cents ans, le problème de navigation soumis aujourd'hui à l'Etat Belge, à la ville de Bruges, aux Sociétés maritimes. Ce problème, Charles le Téméraire tenta de le résoudre en 1470, et devança nos traditions parlementaires en nommant une commission d'études. L'œuvre de cette commission eut le sort de beaucoup d'autres. Ses résultats échouèrent. La nature triompha des efforts humains et même de ceux de l'artiste Lancelot Blondeel, servis par une science trop incomplète (1496 à 1561).

Bruges avait vu sa splendeur commerciale et maritime atteindre leur plus haut degré le jour où, en 1456, cent cinquante vaisseaux étaient entrés en l'espace de vingt-quatre heures dans ses bassins. La décadence de sa fortune allait s'accuser avec la diminution de son trafic et du nombre de ses habitants. L'enceinte ne varierait plus, elle se viderait. Le chiffre de sa population devait descendre de cent cinquante mille à cinquante mille, en même temps que s'affaiblirait la puissance de ses industries nationales. Le Zwin oblitéré allait devenir hollandais à l'Est. La trace même du chenal maritime s'effacerait peu à peu dans l'amoncellement des poussières apportées par les grandes marées.

Bruges pourrait-il retrouver à l'Ouest, du côté d'Ostende, des débouchés qui de plus en plus lui faisaient défaut du côté de la Hollande et du Nord ? Il essaya, en 1622, de se créer une issue nouvelle dans ce sens, par la voie de la Noordeele, en décrétant la création d'un canal aboutissant à Plasschendaele. Efforts inutiles ; le débouché du canal était trop éloigné de la mer ; les résultats furent nuls.

Pourrait-on le relier à Dunkerque ? L'espérer, c'eût été compter sans les catastrophes politiques. En 1638, des travaux d'approfondissement avaient rétabli et permis de réaliser pendant quelques années une circulation profitable sur les voies déjà existantes. Dix ans après, le traité de Munster y mettait fin et consommait la ruine, non seulement du port de Bruges, mais des ports de Gand et d'Anvers, en stipulant dans son article 14 que « les riverains de l'Escaut, comme aussi les canaux du Sas, Zwyn et autres bouches de mer y aboutissant, seront tenus clos du côté des Pays-Bas ». Cette situation diplomatique dura trois siècles.

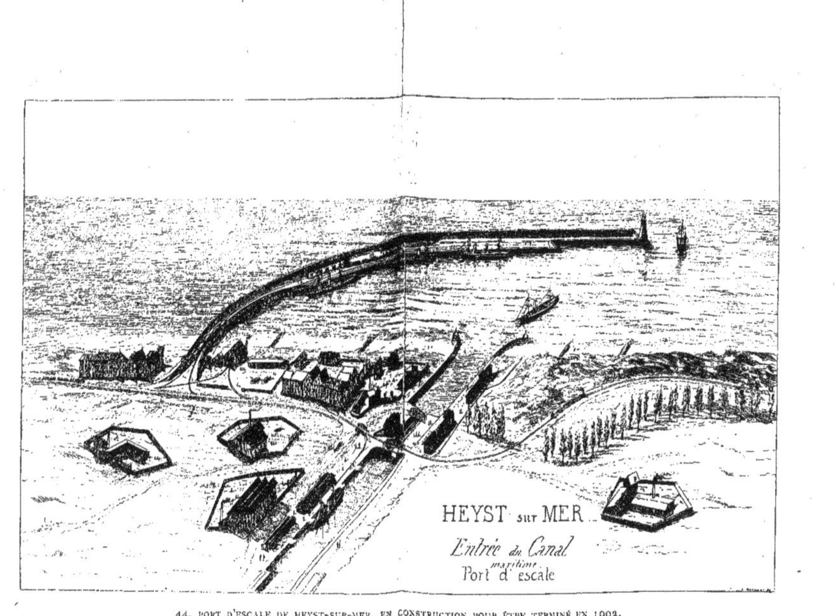

44. PORT D'ESCALE DE HEYST-SUR-MER, EN CONSTRUCTION POUR ÊTRE TERMINÉ EN 1902.

Et cependant, l'historique de cette lutte sera surtout remarquable par l'opiniâtreté dont elle témoignera pendant toute une période de longs efforts.

Bruges, loin de se décourager, et revenu à son premier projet de rattachement à Ostende, en prolongeant le canal de Plasschendaele, parvint une première fois à rétablir une circulation des navires de 200 à 300 tonnes et, en construisant les grandes écluses de Slykens, à pénétrer jusqu'à la mer.

Ce résultat heureux eut même un certain temps l'effet fâcheux d'entraîner Maximilien de Bavière vers des projets de canalisation stérile, notamment le rattachement d'Ostende à Anvers, d'abord, puis d'Ostende à Heyst. Ces essais furent successivement oubliés et les efforts des vaillants Brugeois seraient demeurés stériles, sans les remarquables résultats à Ostende, de la Compagnie des Indes qui réveilla toutes les passions maritimes des villes flamandes, associées ou intéressées.

Etait-ce donc le succès rêvé, c'est-à-dire le retour à la prospérité légendaire du xve siècle?

Le nouvel approfondissement du canal d'Ostende, qui rouvrait en 1728 le port de Bruges aux navires de 600 tonnes, allait-il voir, pendant des siècles encore, les grands commerces d'Europe affluer sur les quais de Bruges? Aucunement.

Ce beau rêve s'évanouit lorsque, trois années après, la soumission de l'Autriche aux conditions de l'Angleterre et de la Hollande vint anéantir la Compagnie d'Ostende et l'avenir maritime de Bruges.

Cette fois, le découragement fut définitif, absolu.

En 1810 seulement, l'Empereur Napoléon Ier, très frappé par ces efforts stériles, devait reprendre les projets de Bruges port de mer par Breskens. Allait-il enfin, lui aussi, tenter de rétablir tout le magnifique travail du canal de Bruges à l'Écluse, par Damme? Nouvelle et dernière illusion! La chute de l'Empereur devait survenir avant que fussent même amorcés les premiers travaux reliant Bruges à Breskens. Ce qui n'était qu'inachevé allait devenir irréalisable par la séparation, en 1830, de la Belgique et de la Hollande !

Quelques efforts dans la direction d'Ostende échouèrent en 1818 par l'envasement progressif des canaux ; à ce point qu'en 1831, la voie maritime de Bruges fut *classée*, comme voie d'évacuation.

En présence de tant de projets avortés, de tentatives demeurées stériles, qui n'eût été fondé à considérer le rétablissement de la marine de commerce à Bruges comme une utopie irréalisable, à laquelle il était désormais défendu de songer ?...

Eh bien, il n'en est rien. Cette marine va pouvoir renaître.

Repris en 1877, le projet primitif d'un accès de Bruges à la mer par Heyst, a trouvé, dans ce pays d'admirable initiative, un écho sérieux et si durable qu'en 1890, de véritables plans ont été exposés, étudiés, approuvés et sanctionnés par les encouragements de l'Etat, des Villes, des Sociétés.

C'est à cette date que furent formulées définitivement les instructions qui, depuis, ont pris corps : de créer, entre Blankenberghe et Heyst, un port d'escale pour la navigation de grande vitesse, et de relier ce port aux bassins agrandis de Bruges par un canal maritime à large section, permettant à cette ville l'accès des navires de fort tonnage.

C'est ce dernier travail, en cours d'exécution aujourd'hui, sous les auspices de la *Compagnie des installations maritimes de Bruges,* qui nous paraît digne de l'attention de tous les visiteurs de ces plages flamandes. C'est cet effort considérable et d'un succès inespéré devant lequel, après avoir sommairement rappelé les grandes luttes des Brugeois depuis quatre cents ans, nous ne croyons pas pouvoir passer avec indifférence, parce qu'il entraîne la transformation profonde, d'ici à trois années, de la seule partie de ce pays flamand, entre Blankenberghe et Heyst, qu'il nous reste à décrire.

LOI DE 1895.

RÉNOVATION MARITIME DU LITTORAL
DE BLANKENBERGHE A HEYST.

Le 11 septembre 1895 est une date mémorable non seulement pour Bruges, mais pour tout le littoral belge. Ce jour marque la rénovation, tant désirée par diverses villes de la côte flamande, d'une action maritime épuisée, comme nous venons de l'expliquer, et anéantie depuis quatre siècles.

La loi, votée à cette date par le Parlement belge, est le point de départ de travaux gigantesques qui assurent à l'ancienne capitale de la Flandre le retour certain de sa prospérité commerciale.

A quel projet s'est-on rallié? Est-on revenu aux premiers errements du xve siècle, en allant chercher, à l'abri des dunes, un port condamné à périr encore par une suite d'enfouissements inévitables?

Nullement. Les projets en cours d'exécution répondent à des nécessités de la navigation moderne qu'on ne soupçonnait pas à l'époque des ducs de Bourgogne, ni même à celle de Napoléon Ier. Un port peut avoir aujourd'hui deux buts bien différents. Un navire atterrit, soit pour débarquer toute sa cargaison et prendre du fret de retour ; soit pour déposer seulement une minime portion de son chargement, quelques passagers, un courrier important. Dans le premier cas, il est à destination finale et s'arrête un temps plus ou moins long, pour livrer sa marchandise et opérer son rechargement complet. Dans le second, il touche terre et reprend la mer au bout de quelques heures. Stationnement durable ou escale rapide, tels sont les deux buts d'un arrêt maritime auxquels doit répondre un port moderne. Sa construction varie donc, suivant l'affectation de ses quais et de ses bassins à l'une ou l'autre de ces deux destinations.

Jusqu'à la dernière heure de leur prospérité maritime, les ports flamands restèrent des ports de stationnement, où les navires de la Méditerranée vinrent déposer les richesses de l'Italie et de l'Orient, en échange des produits de la fabrication belge et allemande. But unique et excellent, pendant la durée du moyen âge.

Aujourd'hui, tout est changé. Par sa situation intermédiaire entre les pays du Nord, du Centre et du Midi, par la diversité des lignes de chemin de fer qui affluent sur son territoire, par les canaux qui la relient aux grands fleuves de divers bassins d'Europe, la Belgique est capable de mettre en relation les grands steamers américains avec Paris, Berlin, Saint-Pétersbourg, Luxembourg, Munich, Vienne, Constantinople, l'Italie, l'Orient. C'est à ce but que tendent tous les efforts de son Gouvernement secondé par les Villes intéressées et par des Sociétés financières. Il faut, pour cumuler les avantages du *stationnement* avec ceux de l'*escale*, transformer l'un des ports belges, au moins, de telle sorte qu'il puisse répondre à ce double besoin ; c'est ce qu'on est en train de faire, sur tout le territoire qui s'étend dans le vaste triangle de sables dont Bruges, Blankenberghe et Heyst forment les trois sommets.

Mis en relation avec la mer, dans trois ans, Bruges sera, grâce à d'énormes bassins établis sous son enceinte, le port de stationnement intérieur désiré.

De ces bassins à la mer, sur une étendue d'environ dix kilomètres, un large canal assurera aux grands vaisseaux un facile accès, une circulation rapide.

Ce qui donne aux côtes belges un caractère de convenance spéciale pour une grande escale, c'est la proximité des importantes lignes de Brême et de Hambourg qui passent à leur portée.

Comme exemple d'économie de temps, on peut remarquer qu'au lieu d'aller débarquer leurs voyageurs et porter, comme aujourd'hui, leur courrier allemand à Southampton, d'où il est transmis d'abord à Londres puis à la malle d'Ostende, et finalement aux trains postiers allemands, les transatlantiques internationaux se contenteront de faire, au nouveau port de Heyst, une rapide escale, sans perte de temps et avec un seul transbordement.

Au rivage même où le canal maritime viendra aboutir, entre Blankenberghe et Heyst, s'ouvrira un port d'escale à l'usage des paquebots internationaux qui pourront régulièrement y aborder et reprendre la mer sans perdre de temps. Ce point d'atterrissement, placé, pour ainsi dire, sur l'itinéraire général de toutes les grandes lignes et n'exigeant aucun détour correspondant à un surcroît de frais généraux, sera, on peut facilement le prédire, un rendez-vous de toutes les communications postales entre les divers points du monde (1).

La Belgique avait déjà, notamment à Anvers, un grand stationnement commercial. Sur toute l'étendue de sa côte, elle n'avait point d'*escale*. C'est une lacune que le nouveau port de Heyst va combler.

---

(1) On peut d'ailleurs se faire une idée très exacte de l'utilité d'un port nouveau comme celui de Heyst, en considérant que les conditions de la navigation se transforment de jour en jour au profit de la vitesse et au détriment des voiliers. De 1872 à 1897, le nombre des voiliers est tombé de 56,727 à 29,315, et le nombre des steamers s'est accru de 4,335 à 11,271. Le tonnage transporté par ces derniers s'est élevé lui-même d'environ 4 millions de tonnes annuelles à 18 millions de tonnes; toutes intéressées à la régularité et à la vitesse des transports.

A ce caractère de proximité spéciale se joindra celui d'une situation hydrographique excellente. Entre la France et le Danemark, l'estuaire est remarquablement fixe (comme en témoignent les cartes marines des trois pays adjacents), dans l'endroit projeté pour le futur port d'escale. L'ouverture de l'Est est, en effet, située au delà de la limite où s'arrête le mouvement de progrès des sables, pour faire place au mouvement, plutôt envahissant, de la mer et rétrograde des sables, vers l'estuaire de l'Escaut, au delà de Heyst.

Dans cette dernière partie, on peut dire que l'Escaut, en sortant, fraye sa voie dans la passe des Wielingen, d'un accès facile et d'une permanence régulière. Le nouveau port pourra même se trouver en relation directe avec cette passe par un dragage d'environ deux mètres d'approfondissement, correspondant à un relèvement du fond, relèvement de valeur égale, le long de la côte.

Dans cette direction Nord-Est, les gros temps, amortis par les îles néerlandaises, sont peu redoutables, comme il ressort d'un examen de la courbe des vents. C'est seulement dans la direction du Nord et du Nord-Ouest qu'ils sévissent avec intensité. Il suffit donc, comme nous le dirons plus loin, d'établir ce port d'escale en le garantissant suffisamment contre l'action de ces tempêtes.

L'exposé très sommaire des travaux mettra mieux en lumière les services que cette importante transformation du pays va rendre au commerce extérieur et aux relations postales du monde entier.

CE QUE SERA L'ACCÈS DE LA MER

EN 1902

DE BRUGES A HEYST

L'ENSEMBLE des travaux comporte trois parties bien distinctes :
Les ports intérieurs de Bruges ; le canal maritime de Bruges à la mer ; l'avant-port d'escale, à Heyst, sur la côte.

Le port intérieur de Bruges se composera de deux larges bassins, qui seront reliés à Ostende par le canal existant déjà entre cette ville et Bruges. Une écluse les mettra en communication. Les quais de ces deux bassins offriront au navire toutes les facilités assurées pour le déchargement par des docks, des grues, des chemins de fer permettant l'accès des wagons.

Le premier bassin, celui d'Ouest, aura un mouillage de 6^m,5o sur un développement de 54o mètres, bordé de talus perrés, avec appontements.

Le bassin de l'Est aura 8 mètres de mouillage sur 8oo mètres de longueur. Il sera entièrement garni de quais.

Entre ces deux éléments de ports, et dans un troisième bassin qui permet l'évolution des navires, s'ouvrira le large canal qui reliera directement Bruges à la mer. Dans le fond du bassin Ouest, se trouvera l'écluse donnant accès au canal d'Ostende, et, par lui, à tout le réseau intérieur de la navigation du pays.

8

Le port rival, dans l'avenir, du futur port de Heyst, c'est celui de Southampton. Il a donc fallu, dès le début des travaux, assurer à la navigation des commodités supérieures à celles de cette ville anglaise. C'est ce qu'on a fait, au moyen d'une jetée circulaire en pleine mer, où s'appuieront les quais d'escale et derrière laquelle les navires chercheront abri contre les vents d'ouest et de nord-ouest.

Le port d'abri est pourvu d'un chenal ouvrant sur une écluse maritime, à droite d'un bassin d'accostage.

La jetée s'infléchit à partir du bord, de telle sorte que son extrémité devienne parallèle à la côte.

Elle reste pleine jusqu'à 3oo mètres du rivage. A cette distance, elle devient à claire-voie et permet, sous son tablier, la circulation des courants marins et celle des sables, pour éviter l'encombrement de la rade. Sur cette partie, longue de 3o6 mètres, comme sur la jetée pleine, les trains de chemins de fer circuleront et viendront chercher les voyageurs et les marchandises jusqu'à l'extrémité de l'ouvrage.

A l'abri de la dernière partie, naturellement pleine sur une longueur de 1519 mètres et qui formera *l'extrémité de l'arc de cercle,* auront lieu tous les déchargements de l'escale. A l'extrémité de la jetée, un musoir portera des feux et des signaux sonores. Le quai de déchargement offrira, de la crête d'un mur à l'autre, 54 mètres de largeur. La rade elle-même présentera, sur 3oo mètres, une profondeur de 8 mètres, sous les marées basses de vives eaux.

Le chenal, ouvert dans la rade abritée aura, en section normale, 5o mètres de largeur au plafond. L'entrée, sur l'estran, sera de 200 mètres, limitée par des jetées basses et signalée par des feux de port où accèderont des passerelles, a 7 mètres de hauteur; la longueur de ce chenal aura 75o mètres.

Au delà, après une écluse maritime de 20 mètres de largeur et de 282 mètres de longueur, s'ouvrira un bassin de 66o mètres, aboutissant au canal maritime de Bruges, large au plafond de 42 mètres et profond de 8 mètres à 8ᵐ,5o.

OU EN SONT LES TRAVAUX

L'ENSEMBLE de tous ces travaux nécessaires à l'établissement des deux ports devait exiger une durée de sept
années. Le 11 septembre 1895, a été votée la loi qui
fixe pour la fin de ces travaux la date du 11 septembre
1902 et porte à 38 millions neuf cent soixante-quinze mille
soixante-quinze francs le montant du forfait accepté par les
entrepreneurs, MM. Loiseau et Cousin.

45. Heyst-escale. — Jetée Nord-Est du canal maritime, allant de Heyst à Bruges.

Depuis ce moment, les chantiers se sont ouverts sur divers
points. Les travaux sont aujourd'hui en pleine activité. On
a déjà dépensé plus de vingt et un millions.

L'été de 1898 a vu commencer l'excavation des bassins intérieurs du port de Bruges, en même temps qu'on procédait à l'établissement des ouvrages accessoires.

Pour supputer la rapidité des travaux d'excavation, il suffit de dire que deux dragues de 400 chevaux assurent, au moyen de godets, l'approfondissement du canal maritime, à raison de 3,000 mètres cubes de déblais par jour !

Sur le futur port d'escale, les chantiers sont multiples et l'activité reste soutenue, été comme hiver. La construction de la jetée en mer, celle du chenal et des estacades, de l'écluse maritime et de l'arrière-port, suivent leurs cours, en même temps que d'autres chantiers sont organisés pour les travaux de préparation des divers engins ou matières ouvrées sur place.

Jusqu'à ce jour, les communes belges avaient gardé l'initiative et assuré la responsabilité de construire et d'exploiter les bassins indispensables au trafic maritime. L'État gardait seulement la charge d'établir les accès des vaisseaux à la mer. En cette occasion, toutefois, l'État a décliné la responsabilité de la construction du canal maritime et en a laissé l'initiative à une Société privée dont l'action opiniâtre et continue devra assurer le succès de l'œuvre après la fin des travaux.

C'est à cette Société qu'il appartiendra, une fois les ports et les canaux terminés, d'en faire ressortir les avantages spéciaux, d'y attirer les escales des grandes lignes de navigation, de rendre le moins coûteux possible les frais d'emmagasinage et de manutention, de susciter l'exportation européenne, celle de France, d'Allemagne, du Luxembourg, de Suisse, par la voie brugeoise.

C'est en ce point que le rôle de l'État s'arrête, laissant le mérite et la part de profit qui s'y rattache à la persévérance de l'Industrie et du Commerce, à la hardiesse des spéculateurs.

C'est à cette œuvre de propagande que s'appliquera et que s'applique dès aujourd'hui la haute intelligence des administrateurs de la *Compagnie des Installations maritimes.* Sur les 9,000,000 qui constituent son capital, cette Société en consacre presque 7 au paiement des travaux en cours : 6,900,000 francs. L'État y concourt pour une somme de 28,810,629 francs. La province de la Flandre occidentale pour 2,000,000 francs. La ville de Bruges pour 3,258,446 francs ; ce qui compose un total souscrit de 38,969,075 francs (1).

Disons de suite que l'intervention de Bruges n'est pas uniquement représentée dans ce total par le seul chiffre indiqué explicitement de 3,258,446 francs. Il convient d'ajouter que cette même ville a souscrit la moitié du capital de la Société d'exploitation, c'est-à-dire : 4,500,000 francs, qui, ajoutés au chiffre précédent porte son déboursé réel à 7,758,446 francs.

A ces subventions, il faut joindre celle de la Société du Chemin de fer de la Flandre occidentale et les contributions privées d'industriels brugeois qui représentent, avec celle des entrepreneurs, un appoint de 4,500,000 francs.

Telles sont les données financières du capital mis à contribution, auxquelles il convient d'opposer les compensations correspondantes, c'est-à-dire :

Pour la Ville de Bruges, une part proportionnelle de recettes dans l'exploitation du port d'escale ;

Pour l'État, l'accroissement de son avoir correspondant à l'augmentation de trafic des ports, à celle des recettes des douanes, des chemins de fer, et en général des richesses publiques, conséquences d'une augmentation en Belgique du nombre des voyageurs.

---

(1) Pour toute cette partie de notre étude, nos renseignements techniques et financiers ont été puisés au volume officiel de *Notices sur le réseau hydraulique belge,* publié en 1898, par le corps royal des Ingénieurs belges des Ponts et Chaussées, à l'occasion du viiᵉ Congrès international de navigation, à Bruxelles, et dans le mémoire sur le *Port d'escale et le Port intérieur de Bruges,* publié à la même occasion, par la Compagnie des installations maritimes de Bruges (1898).

Pour la Société, le droit de péage et de quai, pendant 75 ans, à partir du 11 septembre 1902, dans le port et le canal maritime de Bruges, à charge pour cette même Société de l'entretien et des frais d'exploitation de ces ouvrages concédés ; les droits de pilotage et les recettes du chemin de fer restant la propriété de l'État.

Tel est le dessein général de cette vaste entreprise, dont l'intérêt réside tout entier dans l'étendue des services que peut rendre à l'industrie et au commerce européen l'exploitation des plages belges.

L'histoire de ces services antérieurs se confond, dans le passé, avec celle de l'hydrographie et des modifications politiques du pays.

C'est ce que nous avons essayé d'expliquer dans cette étude, dont la portée ne sera complète qu'en 1902, une fois terminés les travaux qui rendront à Bruges et au littoral flamand leur prospérité d'il y a quatre cents ans, prospérité dont celle d'Anvers peut aujourd'hui donner seule quelque idée, mais qui nous a paru un champ de spéculations intellectuelles d'un haut intérêt pour tous les industriels, et notamment pour les exportateurs de Belgique, de Suisse, de Luxembourg, d'Allemagne et de France.

RETOUR

VERS LES DERNIÈRES PLAGES

CE QUI ME RESTE A DIRE

EN ces quelques sérieuses pages, entraîné par le respect du véritable progrès, j'ai presque oublié qu'une période balnéaire doit être toute aux loisirs des sens, c'est-à-dire au charme de l'imprévu, à la gaîté des impressions naïves; que la science sévère devrait en être proscrite, qu'il faudrait n'y vivre que pour les yeux, ne s'y rassasier que de grand air, de soleil, de mucus alcalin et de débordante liberté.

Je reviens avec joie à ce programme : et, puisque je n'ai pas tout dit, puisqu'il me reste encore à esquisser quelques scènes tristes ou gaies de la vie vraiment flamande, sous un ciel admirable, une fois encore, j'irai, le crayon en main, jusqu'à Heyst, jusqu'au-delà de Knocke même, où je me garderai de réveiller les oiseaux exilés des dunes d'Ostende.

Et ce que j'aurai vu, je le dirai dans un quatrième et dernier volume.

TABLE DES CHAPITRES

LES ENVIRONS DE BLANKENBERGHE

BLANKENBERGHE

DE BLANKENBERGHE A HEYST

RETOUR VERS LES DERNIÈRES PLAGES

TABLE DES DESSINS

Achevé de tirer

Sur les presses de l'Imprimerie Nancéienne

à Nancy

le 31 Mars 1899

———

Les fac-simile en Photogravure

de Ruckert & Cie, 79, Rue Daguerre, Paris.